1勝4敗でもしっかり儲ける

新高値ブレイク投資術

個人投資家
DUKE。

東洋経済新報社

はじめに

はじめまして。ＤＵＫＥ。です。

私は日中フルタイムで働く普通の会社員です。いわゆる兼業投資家です。勤めている会社も金融系ではなく、まったく株とは無縁のメーカーの社員です。

夜遅くまで働くことも多いので、株式投資にあてられる時間は、帰宅後のわずかな時間と週末だけです。会社の勤務中は、当たり前ですが株の売買はできません。

そのような環境でも、私のように株式投資で「億」の資産を稼ぐことは可能です。兼業投資家に適した投資のやり方があるのです。

確かに、会社勤めをしながら、株式投資にどっぷりと浸かるのは至難の業です。

しかし、そこは工夫次第です。デイトレーダーのように、頻繁に売り買いを繰り返すようなトレード手法は無理ですが、やり方次第では、会社勤めをしながらの兼業投資家でも収益を稼ぎだすことができます。

最大のポイントは、「株は新高値で買え」というものです。

一般的に、株式投資は「安値で買って、高値で売る」と言われていますが、私の投資術は、「新高値をつけた銘柄を買って、さらに高値で売る」という、米国の著名投資家ウィリアム・オニールの投資法をもとにしたものです。

チャートを利用して成長株を探し出して、会社のビッグチェンジ（新製品、新業態、新事業、新経営陣による大変革など）の波、ひいては、株価の大波に乗るというやり方です。

私の投資術が一般的でないことはわかっています。新高値を付けた銘柄のチャートを見るとわかりますが、株価が一番高いところで買うわけですから、高所恐怖症のような感覚に襲われます。すぐに株価が下がるのではないだろうか、と思ってしまいがちです。

ところが、株価は新高値を上抜けると、それ以前に投資していた人たちはみんな、含み益を得てハッピーな状態になり、売りたい人が激減します。すでに売りたい人は売ってしまっているので、抵抗らしい抵抗もなくなります。だから、株価が急上昇していくことが多いのです。

私の投資術は、デイトレのようにパソコンに張り付く必要はありません。

毎日、30分程度の作業で、2倍、3倍、ときには10倍以上に大化けする銘柄を探します。

作業は、帰宅後のわずかな時間を利用してできますし、中長期的な投資なので、仕事をしている兼業投資家に適した投資術です。

帰宅後の30分の習慣で、ルール通りに大化けする株に投資する――。

つまり、こつこつドカン！　を目指す投資術なのです。

また、勝つ投資、負けない投資には、攻めのルールだけでなく、守りのルールも必要です。

投資家のなかには、ほぼ勝っているのに、トータルで損をしている人がいます。4勝1敗でも大損しているタイプです。一方で、ほぼ負けているけれども、トータルで儲けている人がいます。1勝4敗でも大儲けしているタイプです。

いったいどこに違いがあるのでしょうか？

それは、負けたときに損失を大きくしないということです。

私は、新高値をブレイクするとても強い株だけに投資しますので、負けた株の損失が大きくなければ、トータルで儲けることができるのです。

例えば、5つの株に同じ金額を投資をして、そのうちの4銘柄が下がったとします。それぞれ10％で損切りすれば、4銘柄で合計40％の損失です。一方、残りの1銘柄が、100％の上昇となれば、トータルで60％の大儲けです。

つまり、1勝4敗でも勝てる投資術なのです。

本書には、この投資術の仕組みから、大化け銘柄の見つけ方、買いと売りのタイミング、そして、1勝4敗でも勝てる損切りのルールやポジションサイズ・マネジメントまで、私の経験をもとに、勝つ投資家、負けない投資家になるための攻め方と守り方が書いてあります。

この投資術に至るまで、私は10年近くにわたり、ビギナーズラックで大儲けしたり、儲けたお金をすべて失ったりと、さまざまな経験をしてきました。また、さまざまな投資法も試してきました。

失敗も成功も、経験したことは、お金では買えない力になると思いますが、自分で振り返ってみて、遠回りしすぎたとも思っています。

あなたが、私のような遠回りをすることなく、この投資術で資産を増やすことができたら、とても嬉しく思います。まずは、少額の資金で試してみてください。

1勝4敗でもしっかり儲ける

新高値ブレイク投資術

＊

目次

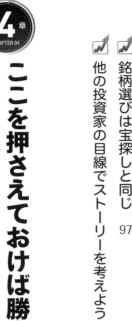

第4章 CHAPTER 04

ここを押さえておけば勝率が上がる
——新高値ブレイク投資術の実践①

第5章 CHAPTER 05

私の買い方、売り方を教えます
──新高値ブレイク投資術の実践②

第6章 CHAPTER 06

どんな相場でも勝つ投資、負けない投資

＊本書は株式投資をする際の参考となる情報提供を目的に、著者が自らの経験および独自に調査した結果に基づき執筆したものですが、確実な利益を保証するものではありません。投資に関する最終決定は必ずご自身の判断で行ってください。

第1章
CHAPTER 01

サラリーマン投資家でも資産1億円

ビギナーズラックで有頂天！

もし家を買っていたら、億を超える資産は築けなかった

私が株式投資を始めたのは、やはり将来に備えたいという気持ちがあったからです。

２００３年に結婚したときの預貯金は４００万円ほどでしたが、当然これでは安心できません。将来の資金繰り計画をしっかり立てる必要があると思い、ファイナンシャルプランナー（ＦＰ）を訪ねたこともありましたが、なんだかんだと相談料がかかるので、それなら自分で資格を取ってしまえと考え、ＦＰ資格の勉強をしました。

でも、まあよく考えてみると、もちろん将来の備えをしっかりしておこうという気持ちはありましたが、それ以上に自分の力で稼ぎたいという気持ちが強かったのだと思います。いまにして思えば、母方が事業家の家系でしたので、その血を引いているのかもしれません。

一度だけ、副業に手を出したことがあります。でも、これが大失敗。それをきっかけに、家

庭を守りながらできる事業を考えるようになりました。

その頃、読んでいたのがロバート・キヨサキの『金持ち父さん 貧乏父さん』です。この本の影響は大きく、蛍光ペンで線を引きながら、お金持ちになる考え方や知識を吸収しようとしました。

ロバート・キヨサキは、不動産投資と株式投資で財をなした人です。私の考え方を大きく変えたのは、次の3点です。

- **中流以下の人間はお金のために働く。金持ちは自分のためにお金を働かせる。**
- **金持ちは資産を手に入れる。中流以下の人たちは負債を手に入れて資産だと思い込む。**
- **持ち家は資産ではない。家計からお金を吸い取っていくから、それは負債。**

私も、かつては何度も家を買う誘惑に駆られました。世間では、「家賃を払うのはもったいない」「家はなるべく早く買うべき」「持ち家は資産になる」などという常識が蔓延していました。会社の同僚もみな同じだったと思います。

でも、家を買うと、事業や投資のための種銭がほとんどなくなってしまいます。種銭がなければ、お金を自分のために働かせることができない。しかも、家は人に貸さない限り、お金をまったく生みません。

いまにして思うと、ここが大きな分岐点でした。

もし家を買っていたら、億を超える資産は築けなかったと思います。いまだに住宅ローン地獄で、会社をクビになったらどうしようと怯える生活になっていたでしょう。

若い世代の方、結婚して間もない方には、特にこの点をよく考えてほしいと思います。住宅のセールスマンの言葉にダマされてはいけません。彼らはあなたの資産形成など二の次です。住宅を売ることが仕事なのですから。

一方、株式投資は取り組み方によっては事業になると思いました。これが、事業をやってみたいと考えていた私にとっては、大きな魅力でした。

結婚する前に、米国公認会計士試験をアメリカで受験して合格していたこともあり、会計の知識はそれなりにありました。また、当時から会社の経理部で収益分析や経営計画を担当していたこともあり、会社の決算短信を読んだり、財務分析をしたりすることに対して、いっさい抵抗を感じませんでした。

自分にとって、不動産投資と株式投資のどちらが土地勘を活かせるのか。

それを考えた結果、株式投資のほうが身近であり、かつ会計知識を活かせそうだと考え、株式投資を始めてみることにしました。

株式投資で元手のお金が3倍以上に！

2003年8月、初めて個別株を買いました。

ソニー（6758）と東京電力（9501）です。ネット証券会社に口座を開き、何度も注文内容を確認して、恐る恐る買い注文のボタンをクリックしました。

そのときの感想？

正直、「こんなに簡単に買えちゃうんだ」と思いました。400万円を証券口座に入金して取引を開始し、その年は6万円ほどの損で終えました。

ただ、当時のチャートを見るとわかりますが、取引を開始したタイミングが非常に良かったのだと思います。このときは、損をしにくい相場だったのです（図1－1）。

2004年に入ってからは、株式取引に少し慣れてきたこともあり、資金を追加しました。

図1-1 ジャスダック指数の推移

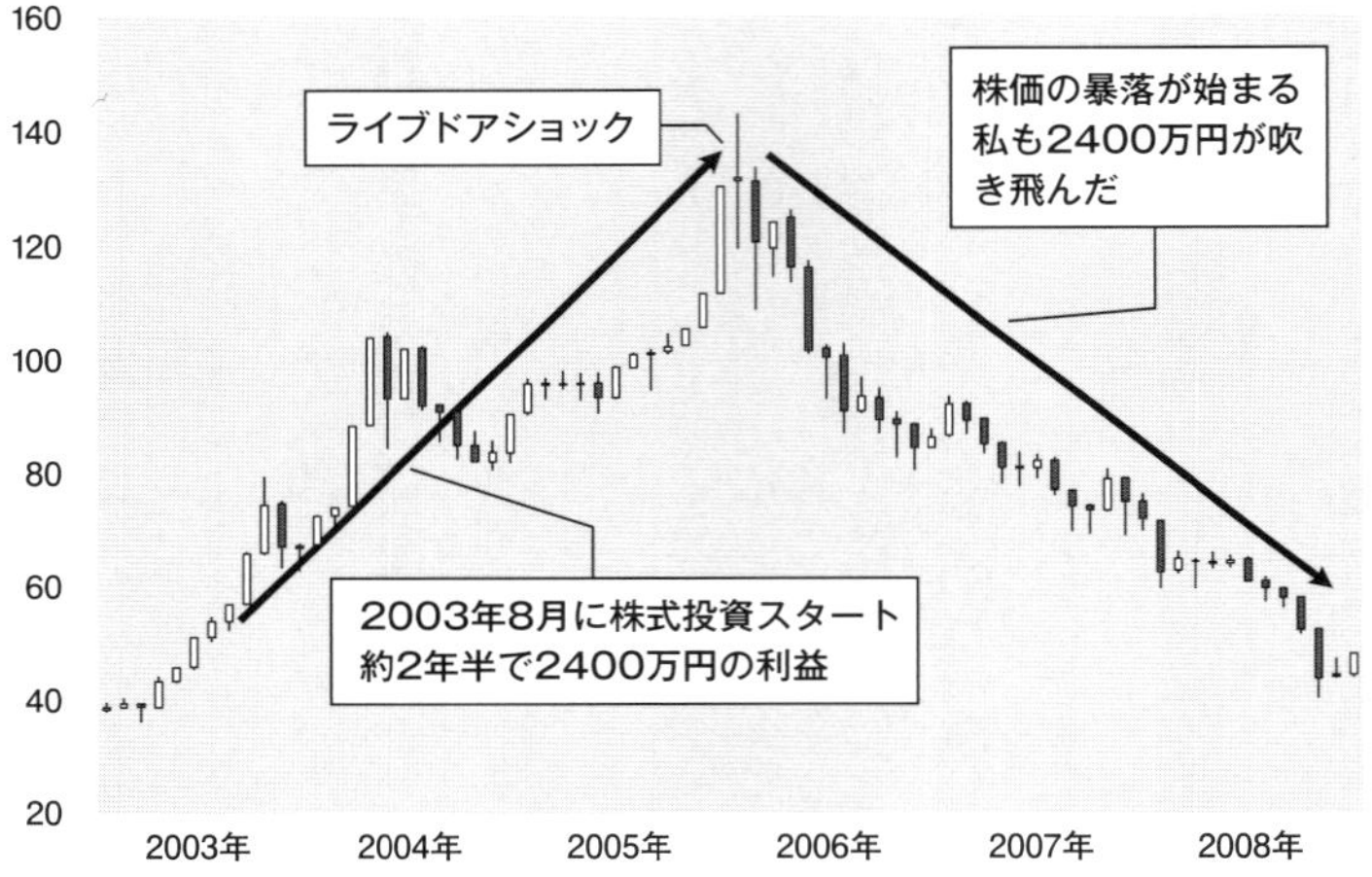

(注) 2003年1月～2008年12月の月足チャート。

しかし、銘柄の選び方はまだまだ不慣れで、有料情報で得た銘柄や、藤野英人さんがファンドマネージャーをしていた鞍馬天狗投信を購入して、その構成銘柄を参考にしながら、自分なりに小売り系の銘柄を物色しました。

その年の前半は儲かっていましたが、後半に雑貨屋ブルドッグ（上場廃止）という銘柄でストップ安を食らい、結局30万円ほどの損失で終了しました。

2005年は、日本の新興市場はバブルに沸き立ちました。

ケネディクス（4321）やダヴィンチHD（上場廃止）など不動産流動化銘

柄が一瀉千里の上昇となり、他の新興銘柄も、何を買っても儲かるような相場でした。

私は、不動産流動化銘柄こそ買っていなかったものの、ヴィレッジヴァンガードコーポレーション（２７６９）や雑貨屋ブルドッグ、ジップＨＤ（上場廃止）、ウエルシアＨＤ（３１４１）といった小売り系の銘柄に投資して稼ぎました。

この年は、信用取引を駆使しながら、レバレッジを最大の3倍まで高め、トータルで２４００万円の利益を得ました。元手のお金が3倍以上にもなったのです。

こうなると、人は妙な勘違いをするものです。

私は完全に自惚れ、「自分は株式投資の天才かもしれない」などと、いまにして思えばとても恥ずかしい勘違いをしていました。

実際は、単に相場の環境が良かっただけのことです。

自分の実力で稼いだのではなく、環境に助けられただけだったので、すぐに化けの皮が剥がれました。この先、文字通り、地獄を見ることになったのです。

1000万円が消えた失敗のオンパレード

信用取引のレバレッジが裏目に

2006年からの3年間は、失敗の連続でした。暗黒時代と言ってもよいかもしれません。とにかく勝てない。大損を被り、運用資金が振り出しに戻ったこともありました。

正直、自分の失敗談はあまり話したくありません。でも、この本を買って読んでくださっている方には、私と同じ轍を踏んでもらいたくありません。だから、恥を忍んで、この3年間の失敗談を、ここに記しておきます。実際、これらの失敗があったからこそ、いまがあります。失敗はそこであきらめれば失敗ですが、あきらめなければ成功の元になります。

ではさっそく、私の失敗を詳らかにしてみましょう。

2006年は年明け早々、ライブドアショックに直面。この事件をきっかけに新興市場が崩壊しました。

この頃は、株式投資にも慣れてきて、信用取引で3倍のレバレッジをかけていましたから、マーケットが裏目に出たときのインパクトも、とてつもなく大きなものでした。そのうえ損切りやＩＰＯ（新規公開株）初日トレーディングなど、さまざまな取引で失敗を繰り返しました。なかでも印象に残っているのは、アイエーグループ（７５０９）というカー用品の小売り株で被った大損です。チャートを用いて説明してみましょう（図１－２）。

このチャートで言うと、小泉内閣の時期の、小泉郵政相場の後半にあたります。２００５年6月あたりから動意づき、株価は倍になりました。当初６００円台だった株価が、１４００円台まで上昇したのです。

ところが、２００６年1月、ライブドアショックが起こり、大きく大陰線を引きました。ちょうど図１－２の点Ａが該当します。そこから戻って点Ｂのところで、なぜか買い出動しています。しかも、１０００万円分も買っているのです。

確かに、ＰＥＲ（株価収益率）が低い割安銘柄で、成長性もありましたが、安かったのは単に出遅れていただけだったのです。

だから、出遅れで一気に株価は上昇したものの、ライブドアショックというハプニングを受

図1-2 1カ月で300万円も大損した売買

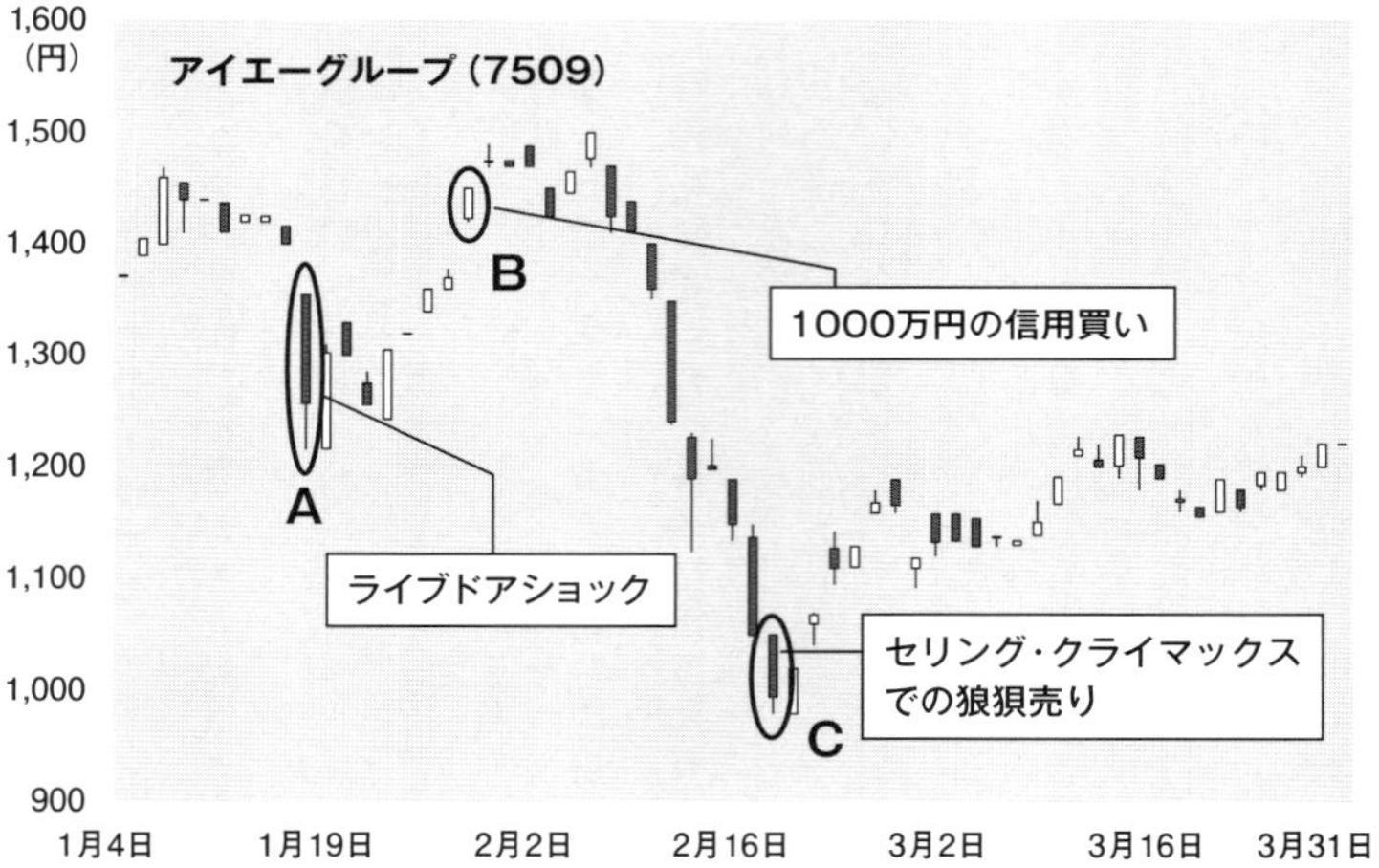

（注）2006年1月4日～3月31日の日足チャート。

けて、一気に株価が崩れました。前述したように、私は信用取引を使って1000万円分も買っています。しかも、この銘柄は日々の出来高が少なく、それこそ1日でまったく出来高がないこともあるような銘柄でした。

そのような銘柄に1000万円も投資して大暴落に直面したらどうなるか。火を見るよりも明らかです。そう、売るに売れない状況に追い込まれてしまったのです。

何しろ1000万円分、株数にして7000株も抱え込んでいましたから、持ち株を一気に売ったら、株価は一気に下げてしまいます。自分で決めていた損切りラインを割り込んでも、売れませんでした。

最終的に、チャートの点Cのところで保有株を全部投げたのです。

流動性の低い株は売りたいときに売れない

この投資で私が犯した誤りを整理してみましょう。まさに、投資をするうえで、絶対にやってはいけない誤りのオンパレードです。

- **流動性の極めて低い株（売買がゼロの日もある）を1000万円も購入。**
- **損切りしたい（売りたい）ときに、流動性が無い（買い手がいない）ので売れない。自分の売りで株価を下げてしまうので売れない状況に陥る。**
- **株価はどんどん下がり、がまんの限界にきたところで狼狽売り。**
- **5％の損切りを決めていたが、そこで損切りできずに、結果30％の損失で泣く泣く売却。**

「あーもうだめだ！」と恐怖に駆られて売ったことを、いまでも覚えています。そして結局、私が投げ売りしたところが、セリング・クライマックスでした。この取引で私が被った損失額は約300万円でした。

この一件で、**「流動性の極めて低い株は売買しないこと」**という教訓を得ました。

300万円の授業料は高くつきましたが、**「1銘柄あたりの買い付け総株数は、原則、1日あたり25日移動平均出来高の20%を上限とする」**という、自分の売買ルールにつながっていきました。

もちろん、失敗はそれだけではありません。アイエー株で300万円もの損失を被ったのにもかかわらず、他にも大きな失敗をしたのです。

例えば、IPO銘柄を、IPO当日に手を出して、やられるということを繰り返していました。IPOの初日はリスクが高く、きちんとした戦略も無しにやみくもに売買しても損するだけです。

そんなこんなで、結局2006年は1000万円以上負けました。

あまりにも負けが大きくなったので、気持ちや反省を整理するため、記録に残そうと考えてブログを書き始めたのも、この年の6月頃からです。

損、損、損で、振り出しに戻る

やっぱり間違っていたのは自分だった

２００７年。あまりにも２００６年の投資がひどかったので、捲土重来と言いたいところですが、残念ながらこの年は、２００６年以上に手痛い失敗をしました。

当時、大阪証券取引所にヘラクレスという新興市場があり、そこに上場していたパワーアップ（上場廃止）という銘柄に投資しました。「元祖にんにくや」という外食チェーンを展開していた会社です。

当時は、店舗をどんどん増やして急成長していたのです。よく妻と一緒に、食事をしながら店舗調査をしたり、株主総会が愛媛県松山市で開かれれば、わざわざ首都圏から参加したりするほどの惚れ込みようでした。

業績も右肩上がりで伸びており、当時の会社四季報によると、経常利益は当期14％成長、来

図1-3 未練たらたらの心理状態で1000万円の大損

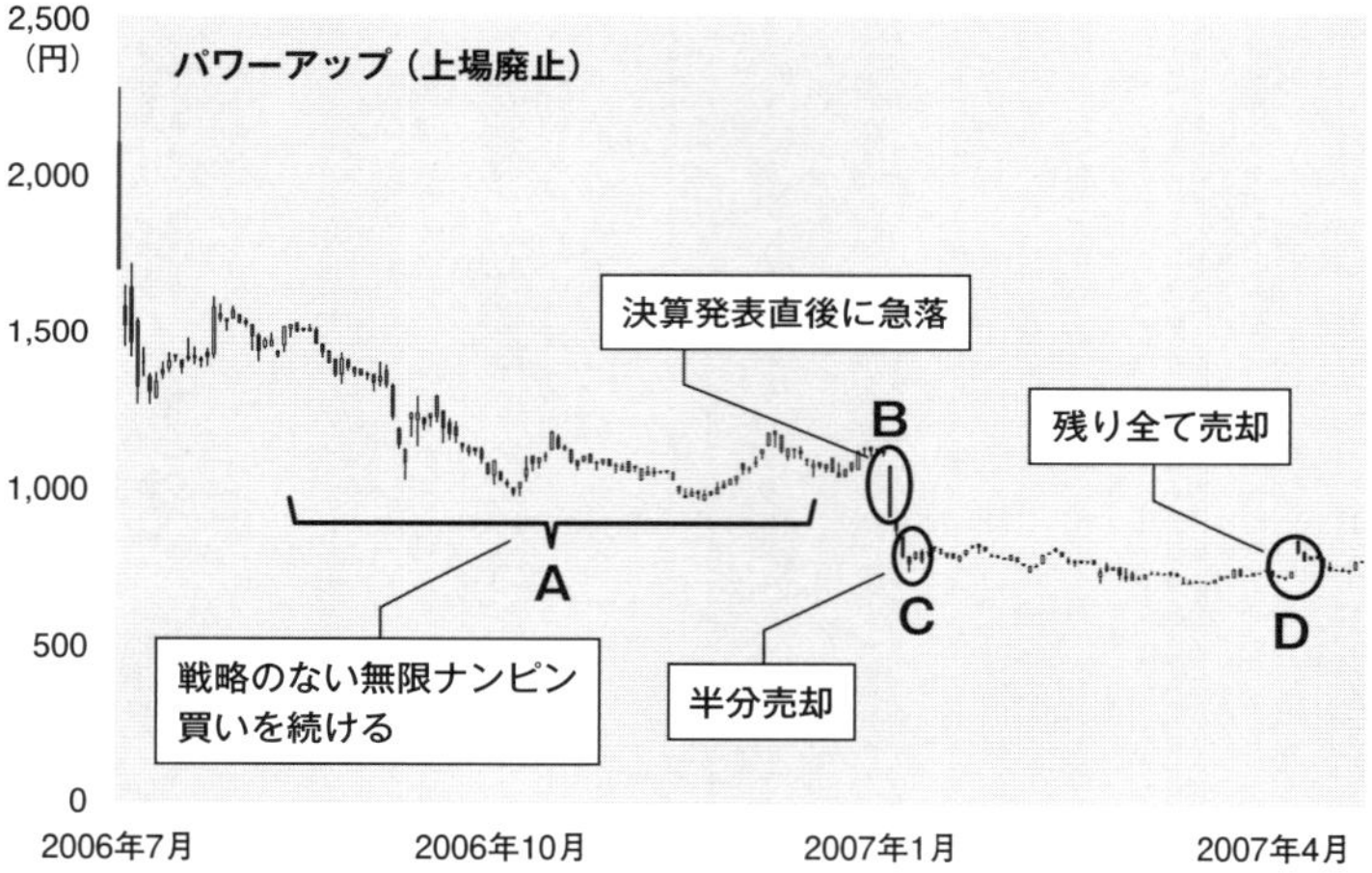

（注）2006年7月13日～2007年4月24日の日足チャート。

期23％成長という予想が出ていました。株価はPERが20倍程度で、極端な割高感はありませんでした。

パワーアップは、2006年7月13日にIPOをしました。ライブドアショックの半年後です。まだライブドアショックの余波は残っており、ジャスダック市場のトレンドは、右肩下がりでした。

どんなに良い銘柄でも、全体のトレンドが右肩下がりだったら、株価はなかなか上がりません。私は、図1－3のAの期間、つまり9月から12月の間に、2万7500株を取得しています。株価が下げるとさらに買い増すという無限ナンピンを繰り返していました。金額にして約

３０００万円です。この金額は、当時の私が保有していた純資産とほぼ同じものでした。

点Ｂは、年次決算の発表です。マーケットが開く前に発表されたのですが、会社四季報では増益予想だったにもかかわらず、会社が出してきた決算内容は、来期業績が前期並み、というものでした。結果、朝方から失望売りが出て、株価は大幅に下げました。

でも、やはり売れなかった。

理由はアイエーと同様、あまりにも自分の持っている買い玉が多過ぎたのです。

売るに売れませんでした。挙句の果てには、「市場はわかってね〜な〜」などと思う始末。「これは保守的な業績予想だから大丈夫だ」と考えていたのですが、単なる自分の思い込みに過ぎませんでした。

バカですね〜。

自分では市場の過剰反応だと思っていたのですが、実際に間違っていたのは自分だったという話です。

そんなことをしているうちに株価は下げ続け、点Ｃで半分を売却しました。このときには、「やはり間違っていたのは自分なんだ」と思うしかありませんでした。

それでも、まだ半分の玉が残っていたのです。もう、こうなると別れるべき女性と別れられず、引っ張り続けている未練たらたらの男と同じ心理状態です。

そして、点Ｄでようやく未練を断ち切ることができ、すべての持ち玉を処分しました。平均単価１１００円で買った株式を、７００円程度の株価で泣く泣く売る羽目に遭ったのです。合計９６０万円もの損失が発生しました。

損切りできなかったら、恐らく再起不能になっていた

この一連の投資でも、やってはいけない誤りがいくつもあります。ざっと列挙しておきましょう。

- **戦略も無いままにナンピン買い。**
- **銘柄に惚れすぎて、冷静な判断ができなくなった。**
- **1銘柄に集中投資。当時の純資産は3000万円程度だったのに、そのほぼ全額を1銘柄へ投資。資金管理とポジションサイズ・マネジメントの失敗。**
- **現物と信用の2階建てで投資。儲かるときはいいが、損するときはものすごいスピードで損失が拡大。**

●流動性が低い株に3000万円という大きな資金を入れた。
●損切りしたくても、出来高が少ないため、自分の売りで株価を下げてしまうという流動性の罠にはまった。
●株価はどんどん下がるなか、がまんの限界に達して狼狽売り。
●株式市場全体のトレンドを見ていなかった。新興市場を代表するジャスダック指数を見れば、エントリー時点でまだ下げトレンドだったのは歴然。

本当に多くの教訓を得ました。それにしても1000万円近い損失は、かなり高い授業料だったと認めざるを得ません。

ただ、この銘柄には後日談があります。

私が2007年4月にあきらめて損切りしたときの株価は700円台でしたが、2008年のリーマンショックで暴落状態になり、168円という安値をつけました。もし損切りをせずに放置していたら、最悪のケースでは180円程度で狼狽して売っていたかもしれません。

1100円で買ったのが、180円ですから84%の損失です。金額にして2500万円の損失。恐らく再起不能になっていたでしょう。

たとえ遅れたとしても、損切りをすることで退場を免れた一例でもあります。振り返ってみると、他にも損切りしてなかったら退場していた銘柄はいくつもあります。

これが**「損切りは命綱」**という強力な教訓となります。

最終的に、このパワーアップという会社は、２００９年１月にＭＢＯ（経営陣による株式の買取）を発表し、４００円の買取価格で市場から退場していきました。

２００６年にＩＰＯで初値２１００円をつけた後、ほぼ一貫して右肩下がりの株価推移でした。創業経営者は、公募価格１２００円で売って４００円で買い戻したわけですから、ウハウハだったと思います。まるで株式市場を利用して、空売りをしたような成果です。

投資家に儲ける機会をほとんど提供することなく、たった3年足らずで市場から逃げてしまったこの会社は、いろいろな意味でいまだに私のなかで最悪の銘柄です。

失敗はまだまだ続く

2年も続けて大損したのに、２００８年もまた、失敗をやらかしました。

今度は1円株トレードです。会社はトランスデジタルというジャスダック市場銘柄でした。

２００８年9月1日に2回目の小切手不渡りをし、上場廃止が決定していましたが、その前

図1-4　典型的な思いつきトレードで200万円の大損

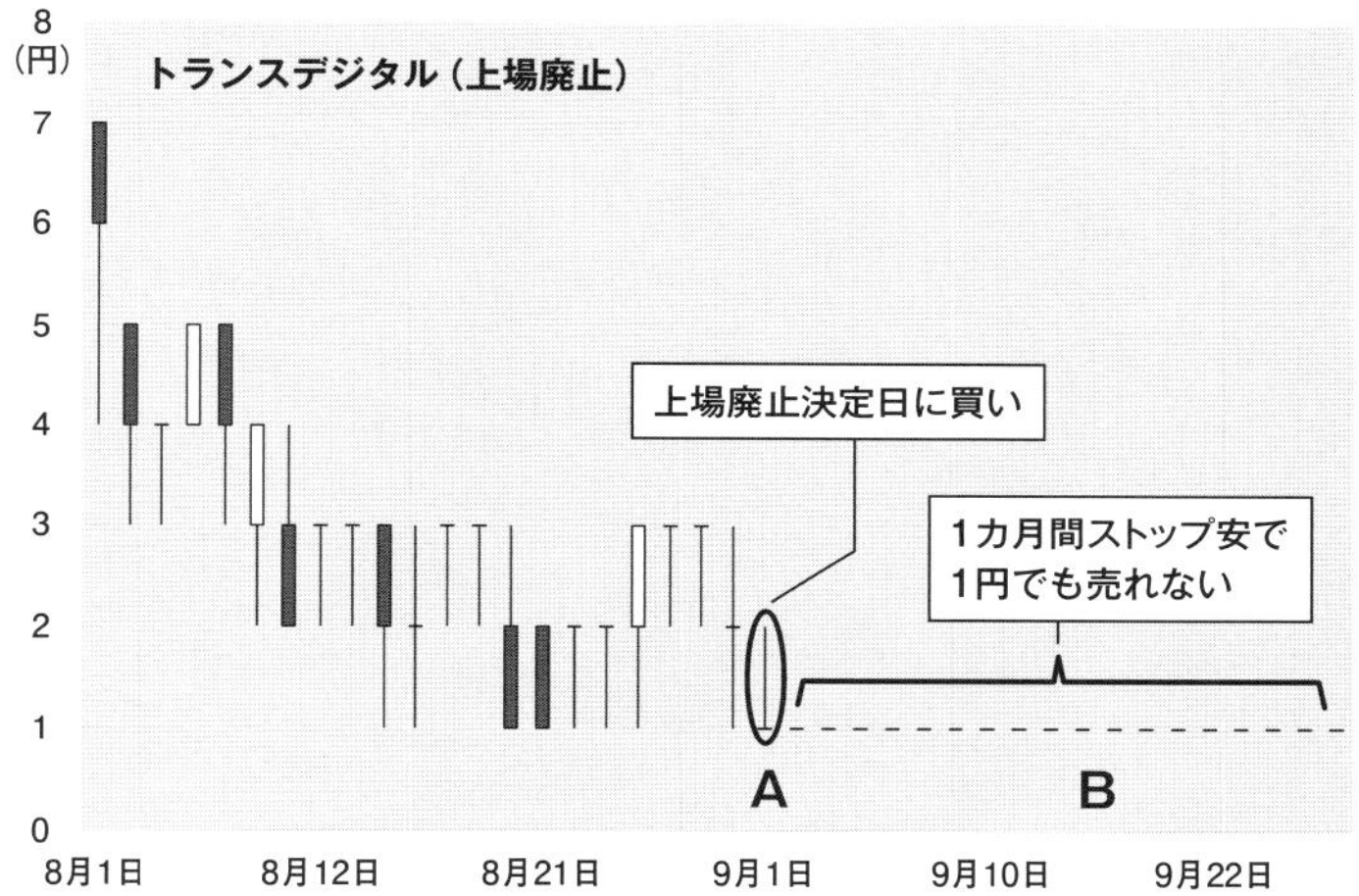

（注）2008年8月1日～2008年9月29日の日足チャート。

日まで1カ月程度、同社の株価は1～3円で推移していました（図１－４）。

「1円で買って2円で売れれば2倍じゃん！」

典型的な思いつきトレードです。

会社からスマートフォンで注文を出しました。この、会社でザラ場に板を見るというのも、決していいことではありません。なぜなら、どうしてもトレードしたくなるからです。そのうえ、トランスデジタルがどんな会社かも知りませんでした。完全なギャンブルトレードです。失敗するのは当然です。

9月1日に1株1円で200万株、金額にして200万円分を買いましたが、上場廃止日である9月29日まで、1円でも売れない苦悩の日々が1カ月も続きました。

このトレードからも多くの教訓を得ました。

●思いつき売買禁止。
●会社でのスマホトレード禁止。
●知らない会社の売買禁止。

それにしても、この期に及んで２００万円の授業料は、かなり高くつきました。

不幸にも、このような上場廃止銘柄を保有している方に、ちょっとしたアドバイスを。

１円でも売れなければ、売買記録が特定口座に残らないので、確定申告用の取引記録に残らず、そのままだと確定申告して損益通算ができません。

損益通算するためには、「特定管理口座」を開設しておくことが必要です。また特定口座を開設しただけでは、特定管理口座を開設したことにはならない証券会社もあるので要注意です。

結局、この年は４００万円ほど損をしました。

ただ、リーマンショックによって、日経平均株価が40％以上も暴落した年に、この程度の損失ですんだのは、上出来だったのかもしれません。負けをなんとしても取り返してやろうという気持ちで、もし、いままでと同じような金額を投資していたら１０００万円どころの損失ではすみませんでした。

損失を最小限に抑えられた最大の理由は、負けているときにはポジションサイズを小さくしていき、負けても大きな金額を失わない程度のポジションサイズしかとっていなかったからです。これが後々、大きな教訓になります。

２００６年、２００７年、２００８年の3年間で、実に２４００万円を失いました。２００５年に稼いだ金額が２４００万円なので、完全に振り出しに戻ったわけです。

ウィリアム・オニールの投資法との出会い

資金管理、ポジションサイジング、損切りのルールを守る

２００９年はゼロからの再出発でした。

２００８年までに２４００万円もの損失を被りましたが、それでも資産がマイナスにならなかったのはラッキーでした。これが、リーマンショックでトータルの損失が１０００万円くらいに膨れ上がっていたら、恐らく再起不能だったと思います。また、「株は危ないから絶対やるな」などと、周りの人間に吹聴していたかもしれません。

こうした私の失敗の経験から、株式投資の初心者の方にアドバイスするとしたら、とにかく小さい金額で始めることをお勧めします。最悪、投資した資金がゼロになってもいい金額、例えば10万円くらいから始めましょう。

先のことはわかりませんが、２０１５年12月にアメリカのＦＲＢ（連邦準備制度理事会）が

約10年ぶりに利上げを行ったことにより、長く続いた世界的金融緩和の流れが変わる可能性があります。日本の株式市場も、2012年11月からスタートし、2015年6月まで続いた簡単な相場環境ではなくなっていくでしょう。

投資環境が難しくなるなかでは、後述する資金管理、ポジションサイジング、損切りのルールをしっかり守らないと、マーケットから簡単に退場宣告を受けることになる恐れがあります。とにかく優先すべきなのは、退場を余儀なくされるほどの大損を、絶対に食らわないようにすることです。

投資する金額は小さくてもいいので、退場させられることなく続けていけば、経験値という素晴らしいお宝が得られます。

私は2003年から株式投資を始めて、さんざん売り買いした挙句、2008年末時点の資産増加はほぼゼロでした。

それに費やした労力はかなりのものでしたが、結果的には時給ゼロ円で終わったのと同じことになります。資産の額が振り出しに戻ったときは、正直、「自分はいままでいったい何をやってきたのだろう?」とあきれるよりほかありませんでした。

ただ、これは決して負け惜しみでも何でもないのですが、無駄ではなかったと思います。なぜなら、お金では買えない経験が得られたからです。

生き残ることで投資の経験を積み重ねられれば、投資家はどんどん強くなります。年輪を重ねて、木の幹が太くなり、より強くなるイメージです。

さまざまな投資法を試す日々

私の場合、生き残ったことで、さまざまな投資法を試す機会を得ました。

最初は、ファンダメンタル分析だけに重点を置き、業績が良く、株価が割安であれば買うというスタンスでした。チャートはほとんど考慮せず、事業内容や業績などを精査し、お店にも足を運んで、お客さん目線から調査をするなど、けっこうな時間を費やしてファンダメンタルの考察をし、意気揚々とお目当ての株式を買っていました。

しかし、待てど暮らせど、株価はなかなか上がらない。ファンダメンタルだけで石の上にも3年的な投資をしていました。

自分でもパフォーマンスを劇的に改善させるには、何かが足りないことはわかっていました。そこで、さまざまな投資本を読みあさりました。恐らく、数百冊にも達したと思います。また、有料セミナーにも参加しました。米国の著名投資家の有料セミナーは、2日間で40万円もしましたが、書籍やセミナーを通した「自分への投資」は惜しみませんでした。

これは株式投資に限った話ではありませんが、「自分への投資」こそ、最も高いリターンが期待できると思います。特に若い人ほど、自分に対して投資をしてほしい。残された時間が長いのは、大きなアドバンテージです。人生を劇的に変える何かに出会う可能性も高まります。

高額なセミナーには、質の高い人が集まるという特徴があります。

対して、無料のセミナーには誰でも参加できます。数千円程度の参加費を払うセミナーになると、比較的意識や向上心の高い人が集まりますが、数万円や数十万円になると、かなり意識の高い人か、すでにある程度の成功を収めている人が参加するので、そういう人にも出会える可能性も高まります。

私が参加した40万円のセミナーも、内容自体はほとんど役に立っていないのですが、そこで知り合えた方々とはいまでもお付き合いがあり、自分自身の財産になっています。

この間、実際にさまざまな投資手法を試しました。平日、会社を休んでデイトレードをしてみたり、１泊２日の短期トレードであるスイングトレードをしてみたり、他にも割安成長株投資、バリュー投資、イベント投資、株３６５という証拠金取引を用いた日経２２５トレーディング、カラ売り、ＩＰＯセカンダリー投資など、いろいろやりましたが、時間軸の短いものはしっくりきませんでした。楽しくないのです。

結局、私は分析することが好きなので、会社の決算や事業内容を自分で調べ、それを根拠にして、腰を据えて何倍にもなりそうな株式に投資するのが好きだったのです。性格にも合っていました。

ちょうどさまざまな取引手法を試しているとき、ふりーパパさんという個人投資家が書いた素晴らしい教材に出会いました。２０１２年のことです。

当時、ふりーパパさんは、エンジュクという投資教育会社で、「上方修正投資法プロフェッショナル講座」というＤＶＤを出されていました。金額は20万円と安くはありませんでしたが、結果的には私にとって激安でした。なにしろ、このＤＶＤを見たことがきっかけで、新高値を買うという投資理論と出会うことができ、大きく飛躍できたのですから。

ＤＶＤでは、米国の著名投資家ウィリアム・オニールの投資法が紹介されていました。株は安く買って、高く売るという固定観念があったので、新高値で買って、さらに高い価格で売るというオニールの考え方には衝撃を受けました。

１勝４敗でも勝てる投資術で資産倍増！

新高値を抜けると株価は上昇を始める

調べてみると、巷には新高値を買う投資法を紹介した本がいくつもありました。オニールの本を全て読んだのはもちろんですが、それ以外の本もかなり読み込みました。海外の投資家が書いたもの、日本の投資家が書いたものを問わず、役に立ちそうなものはすべて読破し、試行錯誤を重ねながら現在の投資術に至っています。

私の投資術は、成長株を主体にしたテクノファンダメンタル投資。新高値という点に特徴があるテクニカル分析を利用しつつ、会社のファンダメンタルを分析して、会社のビッグチェンジ（新製品、新業態、新事業、新経営陣などによる大変革）の波、ひいては、株価の大波（ビッグウェイブ）に乗るというやり方です。

ちなみに、成長株とは、文字通り業績が持続的に成長している会社の株式のことを言います。

グロース株とも言われます。一般的には、売上や利益が少なくとも10％以上、毎年成長することが見込まれる株式を指しています。

成長株投資とは、このように、将来にわたって持続的に業績が向上していく会社に投資することを言います。株価は原則として、会社の業績に連動します。利益が上がれば、株価も上昇します。

株価は、会社のファンダメンタルを通常6～12カ月先を織り込みにいきます。したがって、将来大きく業績を伸ばす会社の株式に投資することで、株価上昇の恩恵に浴することができるのです。

とはいえ、最初は試行錯誤の繰り返し、疑心暗鬼の連続でした。

新高値を付けた銘柄のチャートを見るとわかりますが、株価が一番高いところで買うわけですから、高所恐怖症のような感覚に襲われます。すでにここまで株価が高いのだから、すぐに下がるのではないだろうか、と思ってしまいがちです。ところが、実際は重しがとれたように上昇していくケースが多かったのです。

なにしろ、**新高値を抜けると、それ以前に投資していた人たちはみんな、含み益になるので、ハッピーな状態になり、売りたい人が減ります。そこに達するまでに、何かの事情で売りたい**

図1-5 新高値ブレイク投資術の成果

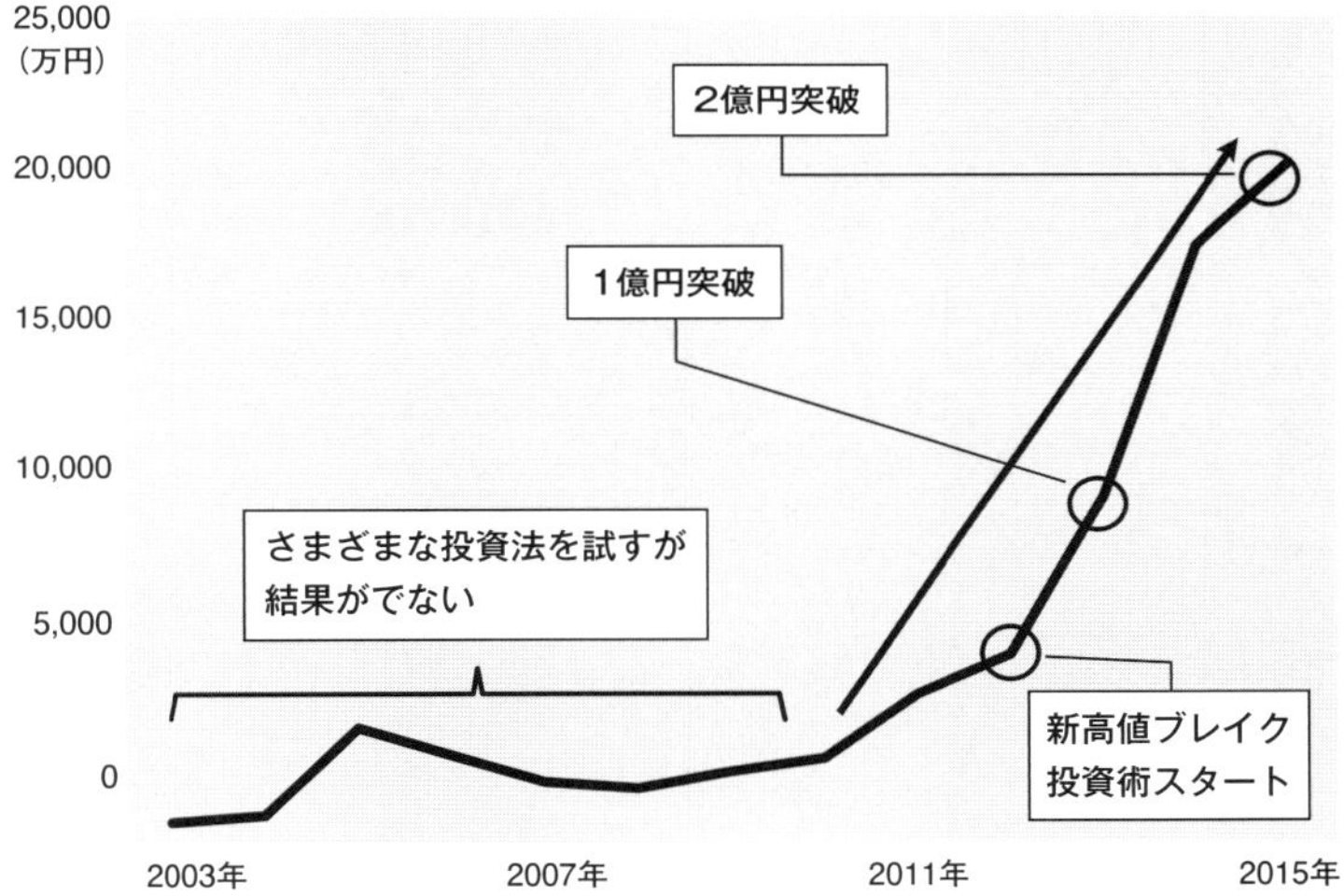

人や、以前に高値で買って、ようやく戻ってきたから売りたいという「やれやれ売り」の投資家も一掃されています。なので、飛行機が離陸してから、上空に向かい雲を下から上へ突き抜けたときのように、一気に視界が開け、雨などの抵抗もなくなり、気流に乗って何もない青空の上を順調に進むかのように、株価が上昇していくのです。

実際に自分が新高値で買った株式の株価が、さらに上昇していくのを見て、この手法はイケると直感しました。

まさに目からウロコが落ちた瞬間です。

新高値というテクニカルをまず見た後、会社のファンダメンタルを見て投資する。

投資した会社が予想通り業績を伸ばし、株価も上伸する。会社も株主もみんなハッピーです。

この投資術によって、２０１３年は株式へ投資した資金が2倍に、さらに２０１４年には、さらに2倍になりました。

２０１３年は相場全体が大きく上昇した年なので、驚くべきパフォーマンスではありませんが、２０１４年は日経平均が７％しか上昇しなかった年なので、まさにビックリの状態でした。同時に株式投資での累計利益が1億円の大台を超えました。

2年半で3000万円超の利益

実際に私が投資して、成功を収めた事例を説明していきましょう。シュッピン（３１７９）という会社を取り上げたいと思います。

２０１２年12月、東証マザーズに新規上場した銘柄です。シュッピンは、主にカメラや高級時計の買い取り、再販売を、インターネットを通じて行う会社です。２０１３年3月期の経常利益は3億６０００万円でしたが、２０１５年3月期の実績は8億７０００万円でした。たった2年間で２・４倍になりました。

株価は、新規上場の過熱感が冷めた２０１３年1月から3月の間は、２００円前後をうろう

図1-6　成長株投資の魅力

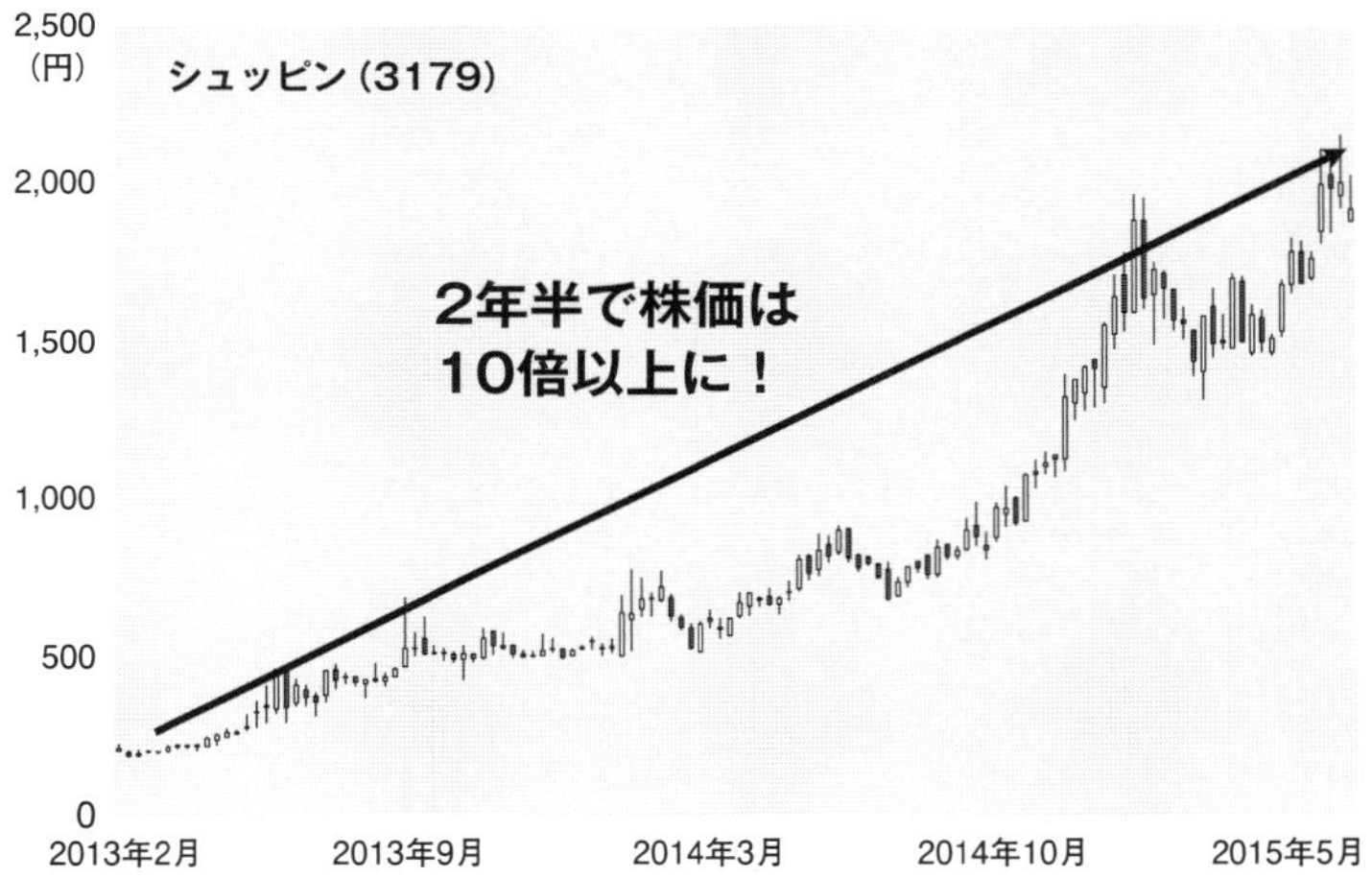

（注）2013年2月第1週～2015年6月第5週の週足チャート。

ろしていましたが、業績の向上とともに将来への成長性を期待され、２０１５年６月までの２年半で10倍以上になりました（図１－６）。

もし、２０１３年初頭に１００万円を投資していたら、１０００万円以上になったことを意味しています。

これこそが成長株投資の醍醐味なのです。誰しも投資する以上は、大きく儲けたいと思うでしょう。**会社の成長とともに自分自身の資産も大きく成長する。そんな喜びを味わえるのが成長株投資です。**

私は２０１３年の春先からこの株を買い始め、新高値の節目を上にブレイクする度に買い増ししていきました。途中から訪日外国人のインバウンド消費効果もあり、株価の上昇に弾みがつきました。結局、2015年8月の中国元切り下げに起因するチャイナショックが起こるまで2年半ほど保有し続け、3000万円超の利益を確定しました。

ボックス理論を駆使して巨万の富を築いたニコラス・ダーバスは、**「いちどきに10種類の銘柄を短期間で売買するよりも、むしろ値上がりしている1銘柄を長期間保有すべきだ」**と言っていますが、私も同じ考え方です。10銘柄も20銘柄も株式を買う人がいますが、いわゆる分散投資は、本当に良い株式に配分する金額が少なくなるため、投資パフォーマンスも分散効果が働いてしまい、月並みなものになるデメリットがあります。

それに、日々の生活に忙しい普通の人は、数多くの銘柄を管理できません。決算やニュースを追いかけるだけでも大忙しです。大切なニュースを逃すこともあり得るでしょう。

多数の銘柄に分散するメリットは、ある程度適当に銘柄を選んでも、当たり株をつかめる可能性が高まることと、外れ株をつかんでも損が少なくすむことくらいでしょうか。せっかく優れた投資術と、優れた銘柄を見つける手法があったとしても、分散投資ではそのメリットを存分に活かせないのです。

したがって、私の投資術は集中投資です。最大保有銘柄数は5銘柄です。本当によく知っている、本当に優れた銘柄だけに、集中的に資金を投入していったのです。

結果、2倍、3倍、ときには10倍以上になる株式に、いくつも投資できました。1銘柄で1000万円や2000万円を稼ぐことも、珍しくありませんでした。

一方、見込み違いの株式に投資してしまうこともありました。いや、むしろそういう株式を買ってしまうことのほうが、圧倒的に多かったと思います。そういうときは、早い段階で損切りや見切り売りを行いました。

勝つときには大きく勝って、負けるときには小さく負ける。損は小さくして、利を伸ばす「損小利大」「1勝4敗でも勝てる投資」を心掛けたのです。

自分の性格にあった投資法が利益をもたらす

最初は疑心暗鬼、試行錯誤の連続でも、徐々に結果がついてきて、コツがつかめて、やり方を改善していくうちに、株式投資が楽しくて仕方なくなりました。

資産が増えることはもちろんうれしかったのですが、それ以上に、自分が見込んだ株が、予想通りに業績を上げて株価が上昇する光景を見ていると、「やっぱり自分は正しかった！」と、なんともいえない満足感が湧き上がり、誇らしい気持ちになったのです。

いま振り返って思うのは、自分の性格にあった投資法、自分がやっていて楽しいと思える投資法だからこそ、ここまで来ることができたということです。楽しくないことは続かないし、上手にもなりません。習い事と同じで、向き不向きがあります。

でも、実際にやってみないことには、向いているか、好きかどうかわかりません。だから、初心者、初級者の方には、とりあえず、いろいろな投資法を少額でいいので、トライしてみることをお勧めします。

個々人によって、生活のリズムや投資に費やせる時間は異なります。デイトレードができる生活環境であれば、とりあえず試してみてもいいでしょう。私のように日中、会社で働いている人は、必然的に時間軸の長い投資法になるはずです。自分の許された環境で、自分にフィットしそうな投資法を探しましょう。

第2章

CHAPTER 02

株は新高値で買え！

——新高値ブレイク投資術のキホン①

新高値で買って、さらに高値で売る！

妖怪ウォッチブームで資産が倍増

ここからは、具体的な私の投資術について説明していきたいと思います。まずは、実際の売買事例を見てもらうのが早いでしょう。銘柄はハピネット（７５５２）です。おもちゃの卸売業の会社で、アニメ「妖怪ウォッチ」関連のおもちゃを扱っています。

とにかく大人気で、腕時計型のおもちゃはまったく手に入らなくなり、東京駅にある「妖怪ウォッチ出張ヨロズマート」は期間限定ということもあって入場制限がかけられ、ビックカメラなどにある「妖怪おみくじ神社」も長蛇の列になりました。

ハピネットの株価は、２０１２年から2年半という長期にわたり、６００～９００円の間で保ち合いが続いていましたが、２０１４年1月に「妖怪ウォッチ」のテレビ放映がスタートすると、業績への期待から株価も大きく上昇しました。

私の投資成果は、保有期間３カ月半という短期間でしたが、投資額が２倍以上になり、約１０００万円の利益を得ました。３カ月半で２倍ですので、年率換算すると３４０％にもなります。驚異的に効率のいい投資でした。

世の中の子育て中のお父さん、お母さんも、妖怪ウォッチのおもちゃが大人気だということは知っていたはずです。行列に並んで買うのではなく、行列を横目で眺めながら、妖怪ウォッチのおもちゃを扱う玩具会社の株式に投資する。これが投資家の目線であり、考え方です。

図２－１のチャートを見ながら、私がどのような売買を行ったのかを説明しましょう。

チャートの点①　新高値ブレイクポイントで買い

ここで、妖怪ウォッチブームに気付き、長い保ち合い圏を抜けて新高値をつけたブレイクポイントで買いました。そこから第一ボックス圏に入り、しばらく株価が上下します。いわゆる保ち合い圏内です。

チャートの点②　再び新高値を抜いたので買い増し

第一ボックス圏での保ち合いが終わり、再び新高値を抜いてきたので、ここで買い増しをし

図2-1 ブレイク後3カ月半で株価が2倍以上に上昇

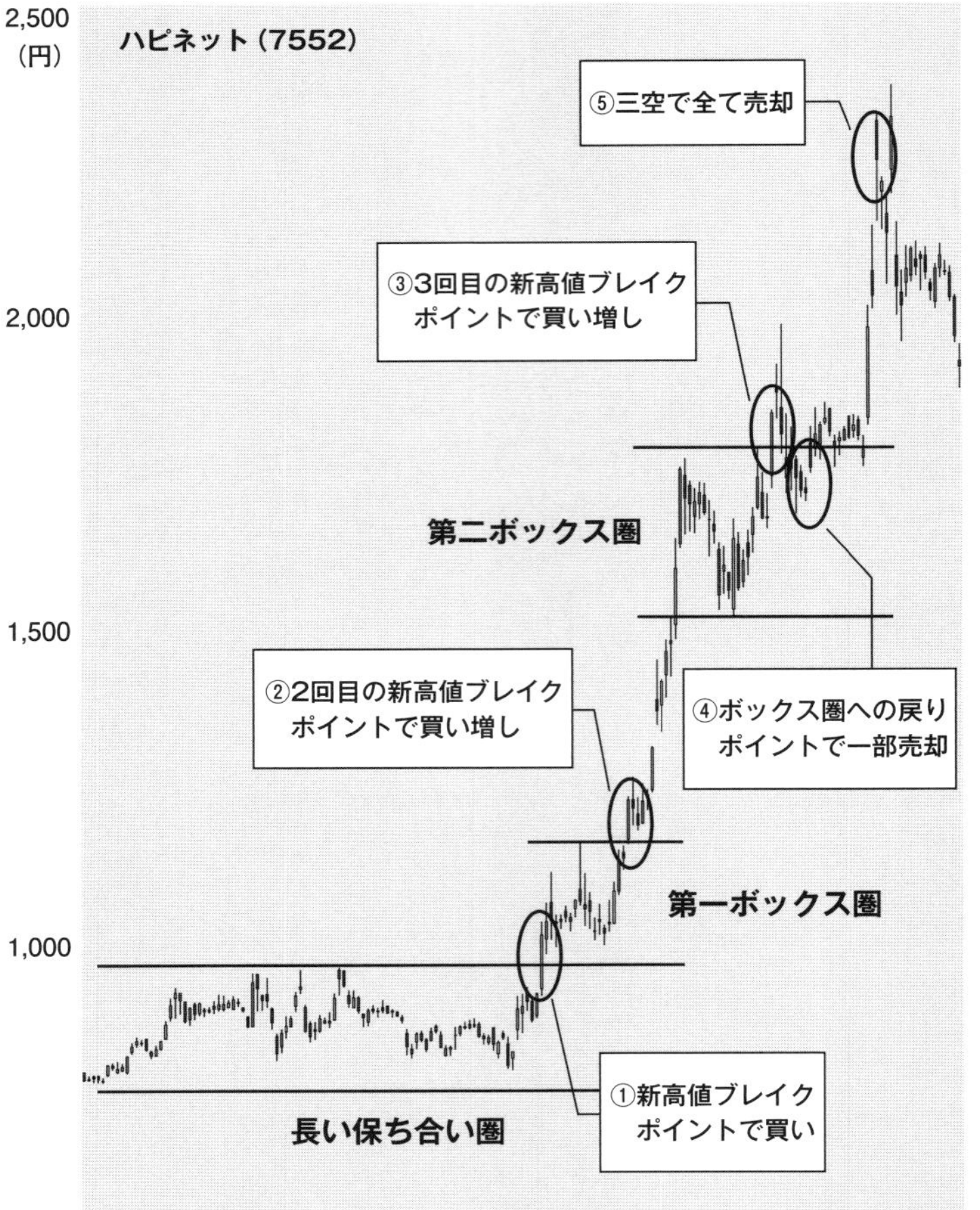

（注）2013年12月2日～2014年8月29日までの日足チャート。

ました。そこから株価が1800円まで急騰し、第二ボックス圏の保ち合い相場に入りました。

チャートの点③　再び新高値を抜いたので買い増し

その後、さらに再び新高値をブレイク。ただ、ちょっとだけ過熱感も出てきたので、3回目の買い増しは株数を少なめにしました。

チャートの点④　ボックス圏への戻りで一部売却

第二ボックス圏をブレイクしたにもかかわらず、再び第二ボックス圏内にまで下げてきたので、持株の3分の1を売却しました。

チャートの点⑤　三空で残りすべてを売却しました

しばらく様子を見ていましたが、再び上昇し始め、決算発表直前で急騰。このとき、三空を付けて上昇したため、全部売却し、利益を確定させました。

なぜ、新高値を買うのかについては、第1章でも触れた通りです。新高値を抜けると、それ以前に投資していた人たちはみんな、含み益になるので、ハッピーな状態になり、売りたい人が減り、株価はスルスルと上昇していくのです。

ほとんど動かない株式を長期保有するのは時間の無駄

次に、同じハピネットの週足チャート（図2－2）をご覧ください。これは、もし適当なところで買ったらどうなるのかということを示す事例です。一般的に、株式投資は「安値で買って高値で売る」と言われています。この通りにしていたら、どうなったでしょうか。

2012年4月に1000円近くまで上昇した株価は、点Bのところまで下がってきました。株は安値を買うという一般常識で考えれば、点Bは絶好の仕込み場に見えるでしょう。ここで700円くらいの株価で拾ったとします。

でも、その後の推移を見れば一目瞭然ですが、株価は点Bからさらに下落し、点Cで550円の安値を付けています。

その後、アベノミクスがスタートして、全体相場は堅調に上昇し始めましたが、ハピネットの株価はほとんど反応せず、がまんの期間が1年以上も続きました。これは本当に時間の無駄です。だから、点Bや点Cで安値を付けてはいますが、ここで買ってはいけないのです。

図2-2 動かない株式の長期保有は時間の無駄

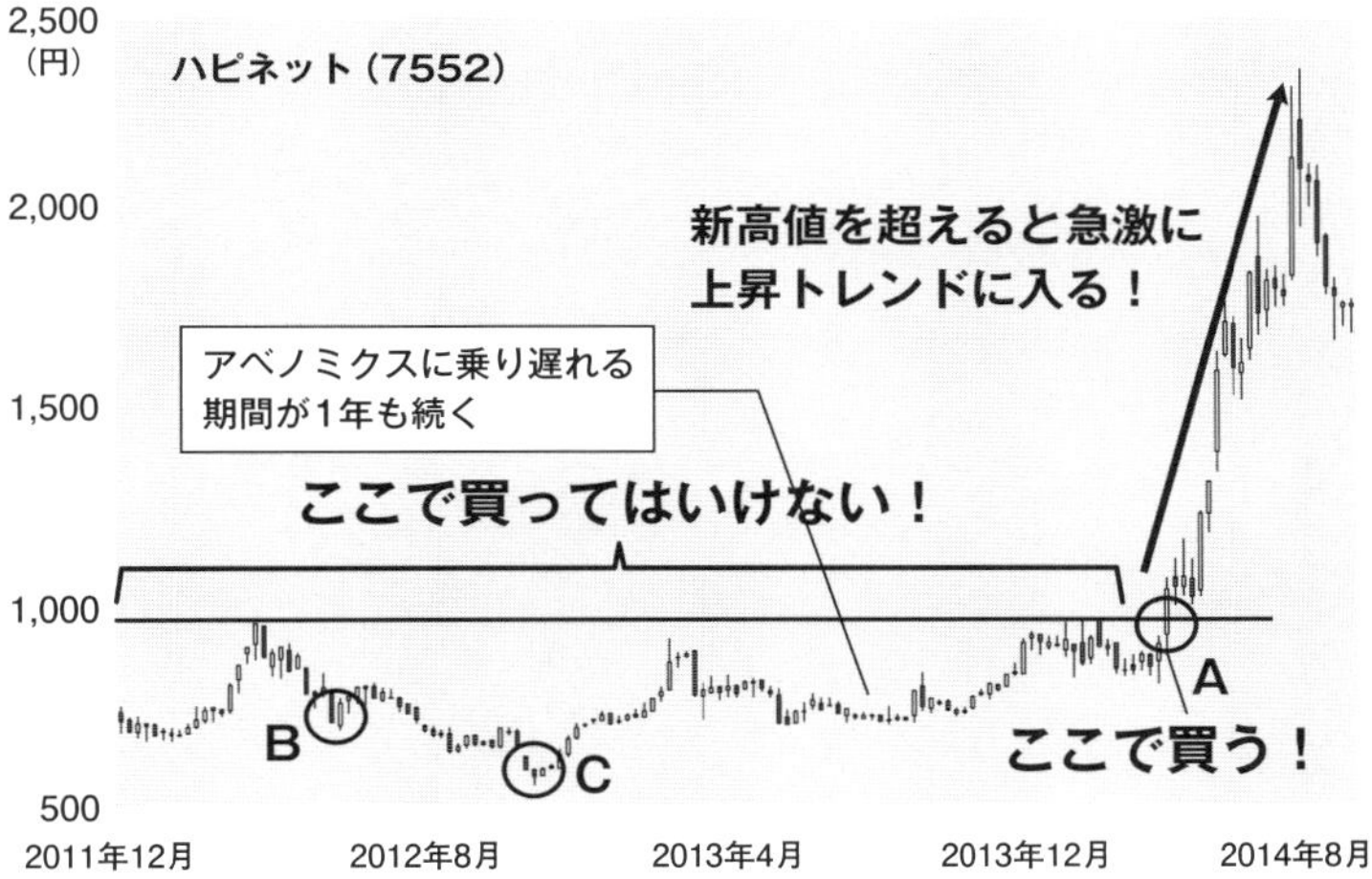

（注）2011年12月第1週〜2014年9月第4週の週足チャート。

では、どこで買えばいいのかというと、新高値を更新してきた点Aになります。

確かに、点Bや点Cで買ったとしても、ずっと持ち続けていれば報われているのですが、ほとんど動かない株式を1年以上も持ち続けるのが、果たして正しいことなのか、ということです。

この間、アベノミクスの始動によって、例えば不動産株みたいに、滅茶苦茶上昇している株式があったのに、ハピネット株を保有しているがために、より大きく儲かる銘柄に資金を回せなくなってしまいます。だから時間の無駄なのです。

このような事態に陥ることを最大限避けるため、**私はまずテクニカル分析を重**

視します。テクニカル的に良さそうな銘柄を株価チャートなどから見つけ出し、次にその銘柄のファンダメンタル面を調べてから、最終的な投資判断を下します。

これは、テクニカルとファンダメンタルの両面を組み合わせて行うことから、「テクノファンダメンタル投資」と呼ばれることもあります。

投資の精度を上げるためには、株価チャートを見るテクニカル分析だけでもダメですし、逆に、会社の業績を見るファンダメンタル分析だけでもダメなのです。両者を組み合わせることで、大化けする成長株を見つけられる確度が、より高まるのです。

株式投資で儲けるための最大のコツ

最短期間で買値を大幅に超える株価で売る

テクニカルを優先させる理由を一言でいうと、株式投資は美人投票だからです。いくら自分が、「この株は最高だ。絶対上がるぞ！」などと考えていても、他の投資家の多くが同じように考えて、実際に買いに来てくれなければ株価は上昇しません。

ポイントは、買った直後に人気化することです。つまり、買った直後に含み益が発生し、比較的短期間のうちに株価の上昇をとらえることです。

株式に投資して、こんな経験をしたことはありませんか。

「この銘柄は良さそうだ。事業の内容や会社の業績予想、中期計画を精査してみよう。実際にお店にも足を運んで、お客さんの様子も見てみよう」

こうして多大な時間を費やし、ファンダメンタルの調査をします。そして確信します。

「これだけ調べたのだから大丈夫。絶対にこの株は上がるはずだ。よし買おう！」

準備万端で、意気揚々とお目当ての株を買い付けます。

しかし、待てど暮らせど株価は上がらない。

「おかしいなぁ〜。あれだけ調べて絶対に上がると思ったのに、なんで上がらないのだろう？みんなこの株の良さをわかってないな。でも、もう少し待てばきっと上がるはずだ」

そうこうしているうちに、株価はじりじりと値を下げてきます。気が付くと含み損が増えています。

「あ〜、もう○○円もマイナスだ。くそー！」

そして株を塩漬けにするか、損切りに追い込まれます。

株式投資で儲けるための最大のコツは、最安値で買うことではなく、買った株を最短期間で、自分の買い値を大幅に超える株価で売ることです。

それが並はずれたパフォーマンスを達成する方法です。そのためには、機関投資家などの大口の資金が流れ込んで、動意づいている銘柄に乗ることです。会社の経営や製品が素晴らしければ、ファンダメンタルは株価に反映されます。

新高値銘柄は大きな変化が起こっている可能性がある

日本の株式市場には、約３５００銘柄が上場されています。その株を２つのグループに分類するとすれば、以下のようになります。

- **新高値銘柄**
- **それ以外のすべての銘柄**

野球人口を2つに分類するならば、プロ野球選手とそれ以外のアマチュア草野球愛好家とに分けられます。プロ野球選手は、ごく限られた人数でしかなく、キラリと光るものを持っています。

新高値銘柄は、プロ野球選手になる可能性のある逸材を発掘するようなものです。

ところで、ここでいう「新高値」とは、おおよそ過去1年程度で見た場合の高値を指しています。できれば、過去2年の値動きのなかで高値を取ってきた銘柄に注目するのが理想ですが、過去1年だと、「株探」のようなサイトで簡単に検索できるので、過去1年の高値で考えたほうが作業も楽ですし、十分に高いパフォーマンスを上げる銘柄を見つけることもできます。

新高値銘柄に注目する理由は、一言でいうと、その会社に何か大きな変化が起こっている可能性があるからです。

過去1年、なかなか抜けなかった高値を更新してきたということは、その会社の業績がすでに新たな局面に入っているか、その変化を先取りしている可能性が高いのです。

また、過去2年の高値を抜いてきた場合は、より大きく会社が変革している可能性が高いと考えられます。

新高値はビッグチェンジの兆し！

赤字予想の会社が、わずか1年で劇的な変貌

新高値が会社の変化を先取りしている一例として、ミクシィ（2121）のチャートを見てみましょう（図2－3）。

ミクシィの株価は過去2年ほど、210円程度を底にして、行ったり来たりを繰り返していましたが、2013年11月末あたりから、突如として出来高を伴いながら、新高値を更新してきました。

よく見ると、2013年11月下旬から12月にかけて、大陽線が連続して出現しています。また出来高も急増していることが見て取れます。これは、この前後に何か大きな変化が、市場で起こったと考えていいでしょう。

実際、このときに何が起きていたのかと言うと、「モンスターストライク」というスマホ向

図2-3 新高値が会社の変化を先取りしている

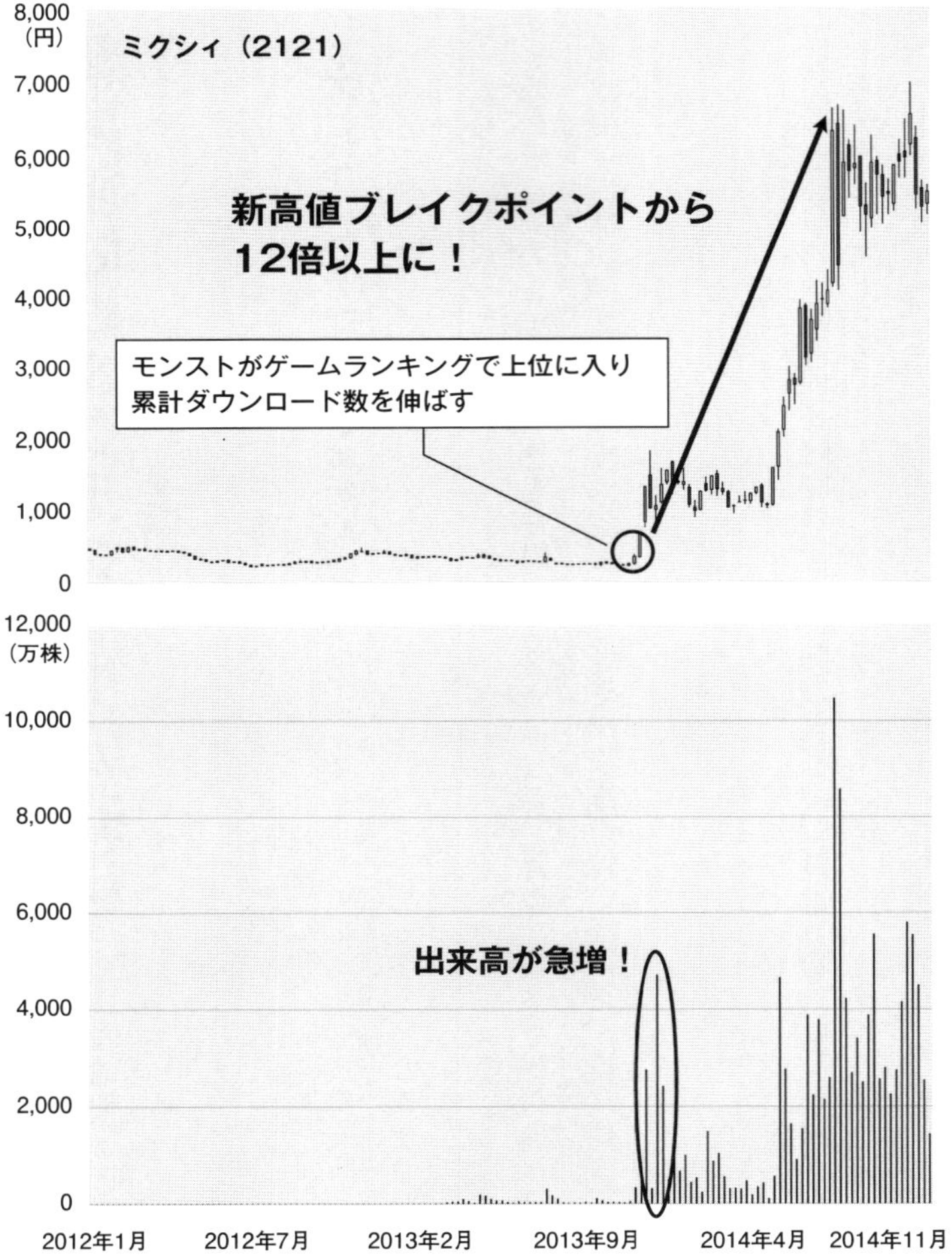

（注）2012年1月第1週〜2014年11月第4週の週足チャート。株式分割を調整した株価。

け新作ゲームが、ゲームランキング上位に顔を出し始め、累計ダウンロード数を伸ばし始めた時期でした。

ミクシィは、交換日記や掲示板などを行う交流サイト（ＳＮＳ）であるｍｉｘｉがビジネスの中心で、その広告収入が主な利益の源泉でした。

しかし、ＳＮＳも競争が年々激しくなり、フェイスブックやツイッターなどのライバルに脅かされ、株価が低迷していました。

そこで、新たな利益の源泉としてゲーム事業に参入したのです。

ゲーム事業は、ゲーム上での有料アイテムを販売するなど、課金も可能なビジネスです。しかも、アイテム販売とはいえ、物理的に仕入れるのではなく、ゲームプログラムの設定上の話ですから、原価もほとんどかかりません。ゲーム利用者が増え、課金が伸びれば伸びるほど、利益が劇的に上がるビジネスモデルなのです。

ゲーム事業が軌道に乗り始めると、市場参加者の期待を受け、新高値更新後、株価はぐんぐん上昇しました。

新高値ブレイクポイントは、株価５００円のレベルです。そこを上抜いた後、１年足らずで株価は６０００円を軽く超えてきました。株価12倍以上という大化けです。

では、ファンダメンタルを振り返ってみましょう。

2013年11月に会社が発表した第2四半期決算短信によると、2014年3月期の売上予想は80億円、経常利益は17億円の赤字予想でした。

しかし、半年後の2014年5月に会社が発表した年次決算資料によると、2014年3月期の売上高は121億円、経常利益は2億円の黒字という実績になりました。同時に、2015年3月期の来期予想を、売上400億円、経常利益100億円という大幅な増収増益予想を出してきたのです。

ファンダメンタルの大きな変化が、誰の目から見てもはっきりしてきたのです。この辺りから株価は2000円を超えてきました。

最終的に2015年3月期の売上高は1129億円、経常利益は527億円という驚愕の結果でした。2013年11月当時は赤字予想であった会社が、わずか1年で劇的な変貌を遂げたのです。これはまさに、新たな利益の核となったゲーム事業によるものです。

このように、**会社に大きな変革が起こっているときには、必ずと言っていいほど、株価チャートにその兆しが表れます。それが新高値なのです。**

つまり新高値は、このように大きな変化（ビッグチェンジ）を起こしている会社を探し出す

図2-4　パズドラ人気で60倍以上に大化け

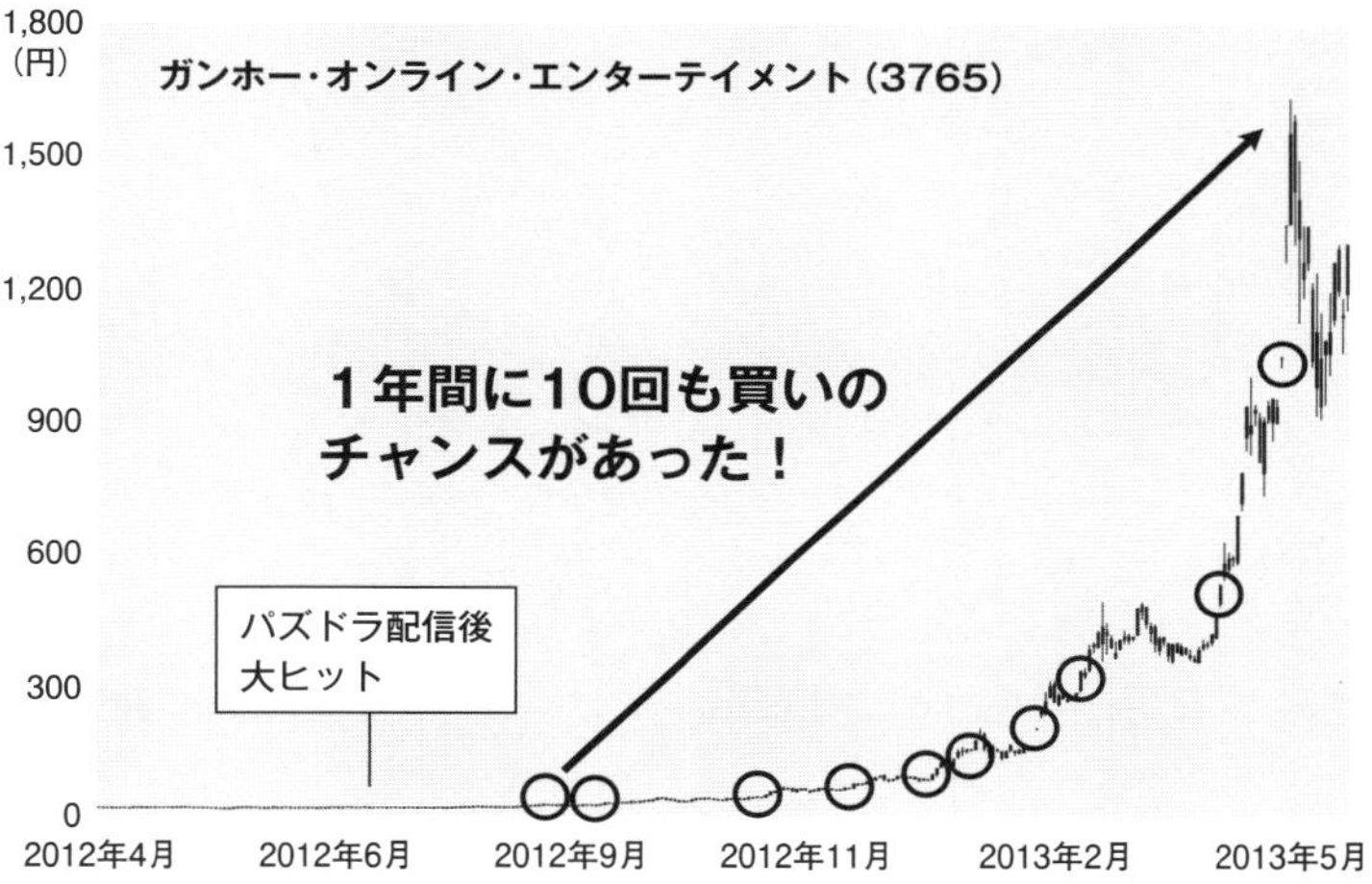

（注）2012年4月2日〜2013年5月31日の日足チャート。株式分割を調整した株価。

強力なツールと言ってもいいでしょう。

新高値銘柄に注目すれば勝ち組銘柄が見つかる

ミクシィのような例は、他にもたくさんあります。例えば、ガンホー・オンライン・エンターテイメント（３７６５）です。

ガンホーは２０１２年２月に「パズル＆ドラゴンズ」（略称パズドラ）という、スマホ向け新作ゲームをリリースしました。当時の株価は、分割等調整後で20円を下回るほどの低迷ぶりでした。

その後、このゲームの大ヒットとともに、株価は一時１６００円を超え、なんと14円の安値からたった1年で100倍以上に大化けしたのです。このときも、ガンホーの株価は新高値を更新し続けていました。

チャート上に重要な節目からの新高値ブレイクポイントを丸で示しました。数えてみると、なんと10回もありました（図2－4）。

これらのどこで買いに入ったとしても、儲けるチャンスがあったのです。2012年9月の最初の新高値ブレイクポイントは27円でしたが、そこからでも60倍に化けたのです。

このように、新高値銘柄に注目するということは、株式市場での勝ち組銘柄を探すことでもあるのです。

勝ち組銘柄に投資しなければ勝てない

明暗を分けた東芝株とパナソニック株

新高値の重要性を理解するために、次は同じ業種間で2社を比較してみましょう。成長株ではありませんが、電気機器セクターの東芝（６５０２）とパナソニック（６７５２）を取り上げ、両社のチャートを見比べてみます。

まず、東芝です。過去からの不正会計問題が明るみに出るなど、業績上も問題のある負け組銘柄の例です（図２－５）。

アベノミクスが始まった２０１２年11月に３００円程度だった株価は、２０１５年12月に、不正会計の問題もあり、２１４円という安値をつけました。発覚前の高値は５６５円で、アベノミクス開始時からは、一時80％ほど上昇しましたが、２０１３年４月以降、２年間の株価は、３８０円から５５０円の間をうろうろして低迷。その後、大幅に下落します。

図2-5 安くなっても買ってはいけない株

（注）2012年11月第1週～2015年12月第4週の週足チャート。

同じ期間の日経平均株価は、９０００円レベルから高値で２万９５２円を記録しています。１３０％以上の上昇です。日経平均株価が１３０％上昇しているなか、東芝の株価はせいぜい80％の上昇ですから、完全な負け組銘柄であることがわかります。

東芝を買うくらいなら、倒産などの個別リスクがはるかに小さい日経平均株価に連動するＥＴＦを買っておいたほうが、倍近く儲かったことになります。

次に、パナソニックです。チャートの期間は東芝とまったく同じものです（図２－６）。

２０１２年11月に４００円程度だった

図2-6　日経平均の上昇率を大きく上回る株を買う

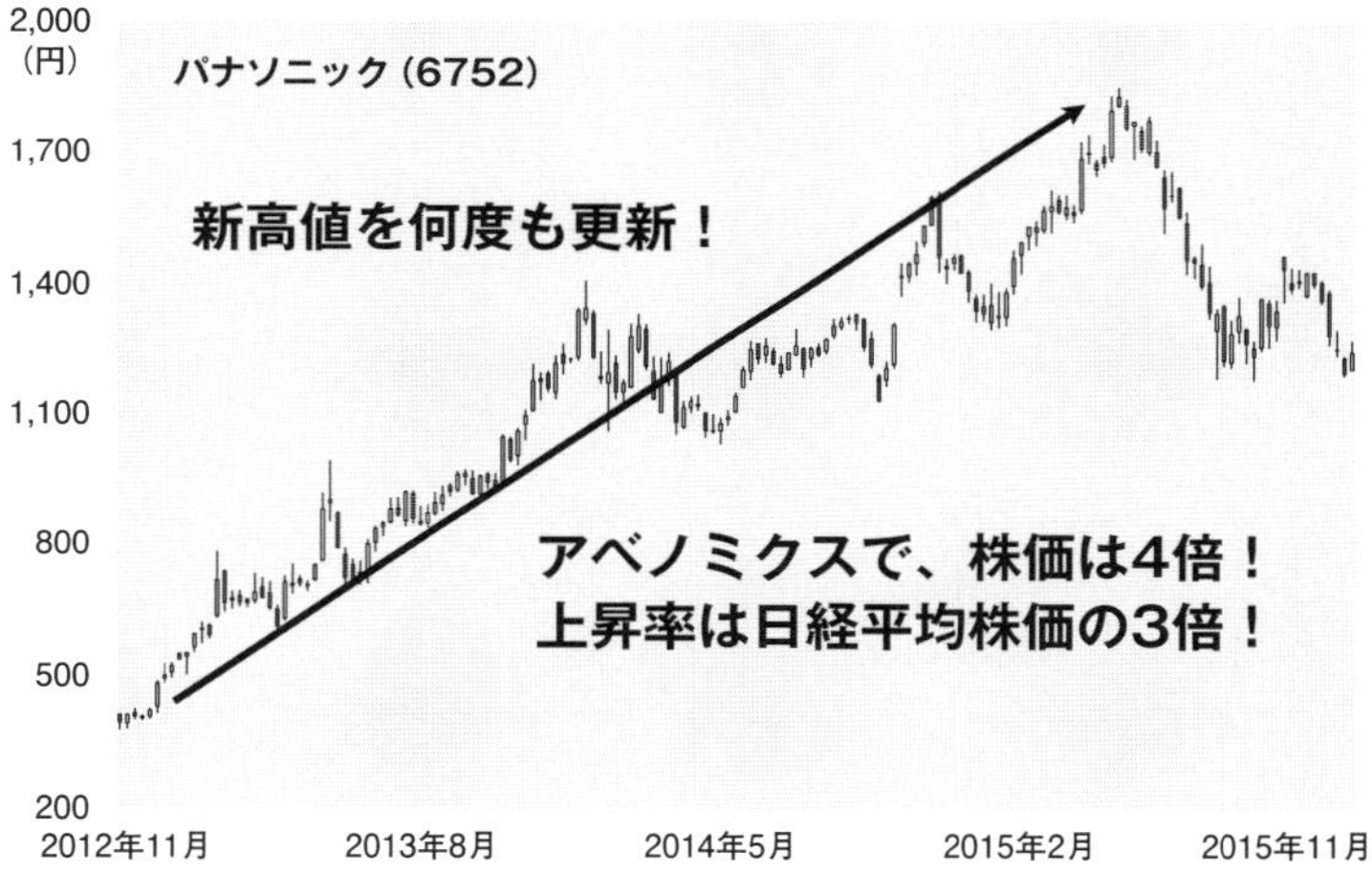

（注）2012年11月第1週〜2015年12月第4週の週足チャート。

株価は、２０１５年５月には１８５３円の高値を記録しました。この間に株価は４倍以上、率にして３６０％も上昇しました。日経平均株価の上昇率に比べておおよそ３倍、東芝などは足元にも及びません。

アベノミクス相場で、パナソニックの株価は何度も新高値を更新しました。

株式に投資する以上、こうした勝ち組銘柄に投資しなければ勝てないのです。日経平均株価が２万円になったからといって、全員が勝てるわけではないのです。その勝つための強力な手段が、「新高値」なのです。

株価が2倍、3倍になるのは当たり前

また新高値銘柄は、上値が軽いという特徴があります。

過去1年以上の高値になっているわけですから、その株を保有している人全員が含み益の状態です。それまでに売りたい人は全て売ってどこかに行ってしまい、あとは保有したい人だけが残っている状態なのです。

したがって、いったん新高値を更新すると、それまでの雰囲気とガラッと違って、極端に売り圧力が小さくなることも多く、上値の抵抗らしい抵抗もない真空地帯のなかを、急騰することも多いのです。前述したハピネット、ミクシィやガンホーのチャートからも、それが見て取れます。

新高値銘柄とは、大きな変化を起こしている会社であり、株価の上値が軽く、かつ発射準備が整ったサインを出している銘柄です。

株価が2倍、3倍になるのは珍しくなく、時には10倍になる銘柄もあります。そういう銘柄を発掘するためにも、まずは新高値銘柄に注目してみましょう。

あなたの身近な会社をウォッチしよう

消費者としての視点が投資に役立つ

新高値銘柄に注目する理由は理解できたとして、問題はその先です。新高値銘柄は、よほどマーケット環境が悪いときは別にして、日々、複数銘柄が出現します。そのとき、どの銘柄を選べばいいのか、わからないという方もいると思います。

そこで、日々、出現する複数の新高値銘柄から、どのようにして銘柄を絞り込めばいいのかについて考えてみたいと思います。

注目すべきはファンダメンタルです。その会社がどういった事業を行っているのか、どのようにして利益をあげているのか、利益の源泉は何なのかを、自分自身で理解できることがキーポイントとなります。

基本的に株価は、業績の向上とともに上昇します。そして、増益率が高ければ高いほど、株価も値上がりしやすくなります。したがって、変化率に注目するのです。

株価は企業業績の6～12カ月先を織り込みながら、上昇したり下落したりします。短期的には感情的な投資家の売買によって上下動のブレは発生しますが、中長期的には、業績の伸びに連動します。

したがって、将来の利益がいまよりも伸びそうなのかどうかを自分自身で判断するのが、重要です。

難しいと思いますか？　実はそうでもないのです。自分に身近な会社であれば、そんなに苦労せずに理解できると思います。例えば、小売業やサービス業は、個人投資家にとって身近で理解しやすい業態です。

小売業の代表として、2011年から2013年にかけて約2年で株価が10倍以上になったジェイアイエヌ（3046）を事例に取り上げてみましょう（図2－7）。

JINSブランドを展開し、メガネの製造と小売りを行っている会社です。パソコン用メガネや、花粉防止用メガネなど機能的な新製品を次々と打ち出している画期的な会社です。

JINSの店舗は、全国に300店ほどありますので、実際に入ったことがある人も多いと思います。実際に入ってみて、製品を手に取ってみて、値段をみて、どうでしょうか？

図2-7 消費者の視点が役立つ①

（注）2011年1月4日〜2013年7月31日の日足チャート。

自分自身が買いたいと思う商品でしょうか？

コストパフォーマンスはどうでしょうか？

実際に買った人は、使用感に満足しているでしょうか？

このような生活のなかの消費者の観点が、投資にはとても役に立つのです。

株価が10倍を目指して動き出した２０１１年当時に、ＪＩＮＳのメガネを買った人は多いと思います。しかし、そのメガネの素晴らしさや将来性に気付いて、ジェイアイエヌの株式を購入した人は、ほんの一握りだったと思います。

消費者としての視点と投資家としての

視点、両方持っている人が儲けられる好例です。

大行列の飲食店の株価が4カ月で3倍に

もう1つ例を見てみましょう。次は飲食業です。取り上げる銘柄はペッパーフードサービス（3053）です。「ペッパーランチ」という低価格ステーキ店を展開している会社です。この会社が2013年12月、銀座の一等地に、「いきなり！ステーキ」という立ち食いステーキ専門店を開店しました。

株価は2014年4月頃から突如動き出し、それまでの300円台の位置から大きく居所を変え、7月には1400円を超えてきました。新高値ブレイクポイントの454円から4カ月で3倍の急騰です（図2－8）。

当時、「いきなり！ステーキ」は、マスコミにも連日取り上げられ、行列ができるほどの人気ぶりでした。実際にお店に行って食べてみると、その満足度の高さに驚かされます。

本格的な厚切りステーキを目の前で切って量り売りしてくれます。300グラムの肉とサイドメニューを注文しても3000円もあれば大満足です。

肉の品質が良いので、レアやミディアムレアで食べると、その良さがわかります。普通のス

図2-8 消費者の視点が役立つ②

（注）2013年10月1日〜2014年8月29日の日足チャート。2015年6月の株式分割前の株価。

テーキ店で同等のステーキを注文したら、倍以上のお金を払わなければならないでしょう。

会社の業績は、２０１３年12月期の経常利益２億１０００万円から、翌２０１４年12月期には５億８０００万円に。２０１５年12月期は７億６０００万円になり、２０１３年12月期に比べて、実に３・６倍になりました。これらを織り込んで株価が急騰したのです。

このように大きく売上を伸ばし、利益を伸ばす会社を見つけることは、それほど難しいことではないのです。なぜなら、普段の生活のなかで触れることのできる身近な会社だからです。

儲ける投資家は好奇心が人一倍強い

儲けのヒントは毎日の生活のなかにある

自分に身近な会社であれば、逆に、危ない会社を投資対象から除外することも可能です。

ずいぶん前のことですが、不二家（２２１１）のロードサイド型レストランに食事に行きました。食事をして、ふと上に目をやると、天井の梁や照明にほこりがたくさん積もっていました。明らかに何週間、いや何カ月も掃除してないことが一目瞭然でした。そのとき、「ここは飲食業なのに、掃除もまともにできない会社なんだな」と呆れました。観察眼の鋭い女性であれば、おそらく他の問題点にも気が付いたかもしれません。

その後、間もなくして衛生上の大問題が、内部告発を機に発覚しました。

消費期限切れの鶏卵を用いたシュークリーム、賞味期限切れのリンゴの加工品を用いたアップルパイ、厚生労働省の定めたガイドラインの値の64倍・社内規定の６４０倍を超す細菌が検出されたシュークリーム、社内基準を超過した消費期限表示を行ったプリンなど、品質基準未達製品を出荷していたのです。

さらに、埼玉工場で月に数十匹のネズミが捕獲されていたことや、食中毒、製造したチョコレート製品に蛾の幼虫が混入していたこと、製品回収を実施しなかった事実も判明しました。２００７年1月のことです。

明らかに衛生管理、そして根本的に大きな問題を抱えた会社であったことがわかります。その後、株価は急落し、アベノミクスの大相場でも、株価はほとんど浮上しませんでした。

個人投資家の強みが発揮されるのは、このように自分自身で製品やサービスを利用してみて実感し、理解、判断できる分野なのです。特に流行に敏感な女性や、食べ歩きが大好きな男性など、新しいものにアンテナを張っている人は、株式投資に有利です。

好奇心の強い人も、株式投資にとても向いています。儲ける投資家は、好奇心が人一倍強いものなのです。

毎日の生活のなかで、いま何が流行っているか、新しいものやサービスを気にしてみる。会社の同僚や友人から、これいいよ、という情報を得たら、自分でもちょっと調べてみる。いまはインターネットで口コミを調べることもできますし、近い場所にお店があれば、視察に行くこともできます。

行列のできているお店があれば、ちょっと覗いてみる。会社帰りや学校帰りに実際にお店に行ってみて、美味しいものを食べたり、素晴らしい新製品や新サービスに触れたりできるのも、成長株投資の魅力です。

このように楽しみながら株式投資をしていくことは、とても大事です。

勤めている業界は個人投資家の強みになる

また、自分が勤めている業界も個人投資家の強みになります。

製薬業界や医療業界に勤めていたら、例えば小野薬品の「オプジーボ」(がん免疫療法の新薬)の威力を、より早く評価できたかもしれません。

小野薬品工業(4528)は、2012年11月に始まったアベノミクス相場で、一貫して上がり続けている銘柄です。途中で調整を挟みながら、株価は軽く4倍以上になりました。2015年8月のチャイナショックや2016年初の暴落も物ともせずに上昇した最近の好例です(図2-9)。

ゲーム業界だったら、新しいゲームがヒットするかどうかを、誰よりも精度よく予想できる

図2-9 勤めている業界の視点が役立つ

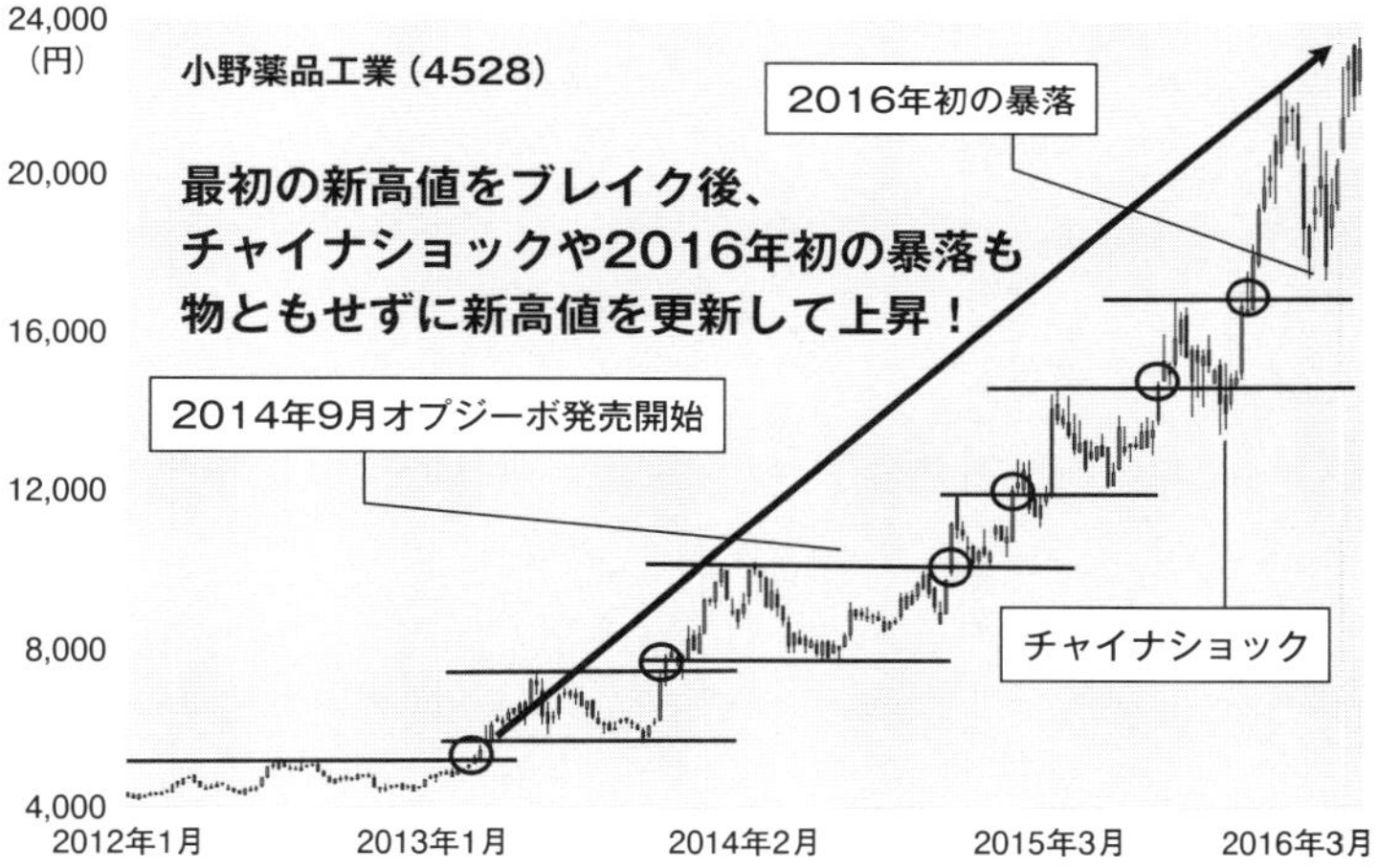

（注）2012年1月第1週～2016年3月第3週の週足チャート。2016年3月の株式分割前の株価。

かもしれません。ガンホーの「パズドラ」や、ミクシィの「モンスト」を、いち早く大ヒット作として評価でき、大きく儲けられる可能性があります。

ＩＴ業界に勤めていたら、新しいＩＴ技術が本当に業績に貢献できそうかどうか、わかるかもしれません。最近、話題になっているブロックチェーンなどのフィンテック関連の技術を、より正しく評価できるでしょう。

美容業界に勤めていたら、新しく出た美容機器、例えばヤーマン（６６３０）の「プラチナゲルマローラー」などが人気化しそうか、化粧品メーカーの新製品のアンチエイジング化粧品がどれほど本物で、将来女性に支持されそうか評価できるかもしれません。

アパレル業界の人、あるいはファッションに敏感な人であれば、ブランド衣料品のネット通販サイトであるZOZOTOWNの将来を見抜いて、スタートトゥディ（3092）に注目できたかもしれません。サマンサタバサジャパンリミテッド（7829）のお店が活況を呈していることにも気付いたことでしょう。

自動車業界にいたら、数多ある自動車部品の会社で、小さいけれども技術力があり経営力も高く、将来大きくなりそうな会社を見抜けるかもしれません。また、自動運転というテーマで活躍する可能性の高い本物の会社を見抜けるかもしれません。

町工場にお勤めなら、モノタロウ（3064）の画期的な新サービスである工場・工事用品のネット通販に、いち早く気付いたことでしょう。

不動産業界にいたら、今後の不動産市況や販売について、より優位に立てるでしょう。民泊関連銘柄を他人より的確に判断できるかもしれません。

あなたにとって身近な会社であれば、より正しく評価できます。それが、あなたの強みになるのです。ぜひ好奇心をもって、投資家の観点から物事を見てみてください。

第3章
CHAPTER 03

ビッグチェンジを探せ！
――新高値ブレイク投資術のキホン②

会社の変革は株価の変革

インパクトの大きさが株価を上昇させる

株価は会社のファンダメンタルに連動します。業績が大きく伸びていれば、株価も大きく上昇しますし、業績が下降トレンドであれば、株価も下落していきます。

ＰＥＲの低い銘柄に投資して、「どうして安く買ったのに、株価が上がらないのだろう」などと言っている人がいますが、それは当然のことです。低ＰＥＲで放置されているのは理由があります。それは成長性が低いからです。つまり変化していないからです。結果、割安水準で買ったのに、株価がほとんど動かない「割安株の罠」（バリュートラップ）にはまります。

ファンダメンタルに連動する株価は、業績の変化の分だけ動きます。したがって、業績が大きく改善しそうな会社ほど、株価は大きく上昇する確率が高まります。

では、業績の大変化は何によってもたらされるでしょうか。それこそが、会社のビッグチェンジです。ビッグチェンジとは、新製品、新サービス、新業態、新事業、M&A（買収・合併）、新経営陣など会社の大変革です。例えば、画期的な新製品を開発した会社で、それが爆発的なヒット商品となった場合は、大きく会社の売上に貢献し、利益も大きく増加します。

ここで気を付けたいのは、ビッグチェンジがその会社にどれだけのインパクトを与えるか、ということです。

例えば、トヨタ自動車のような時価総額が10兆円を超えるような巨大企業が、数十もある車のラインナップのうち、ある1つのコンパクトカーでヒット車を出したとしても、全体に与える収益の影響は10％にも満たないでしょう。これではビッグチェンジにはなりません。

一方、商品ラインナップが3本しかないゲーム開発会社が、1本の大ヒット作を出した場合は、会社の収益に多大な貢献をもたらし、あっという間に利益が2倍になることもあります。

大事なことは、会社のビッグチェンジがどれくらい業績にインパクトを与えるのかを考えることです。インパクトが大きければ大きいほど、株価の上昇率も大きくなります。

比較的小さな会社が狙い目

もう1つ重要な点は、投資する会社の大きさです。具体的には時価総額のことです。時価総額とは、発行済株式数に株価をかけて求められるもので、その時点における、株価から見た会社の価値と言ってもいいでしょう。

株式投資が業績の変化をとらえるものである以上は、変化率が大きいほど、株価の上昇率が高くなります。したがって、投資するならば、比較的小さな会社が狙い目になります。

前述のトヨタのような大企業は、すでに大きく成長しているので、ここから2倍、3倍になるような成長は、そう簡単には望めません。そのうえ、時価総額の大きな会社は、市場で売買されている株数も大きいため、株価が上昇するには膨大な買い手が必要です。

一方、時価総額が50億円程度の小さな会社が、経常利益を5億円から、その2倍の10億円に伸ばすことは、比較的容易です。小さな会社は、まだまだ成長途上のため、売上を伸ばす余地も、変化する余地も大きいからです。

したがって、時価総額が小さい、いわゆる中小型株を投資対象にします。私の場合は、おおよそですが、時価総額５００億円以下の会社を投資対象としています。

もちろん、時価総額が１０００億円の会社でも、大ヒット商品を出して、すぐにでも株価が2倍になりそうであれば投資します。ＩＰＯして10年以内の、成長段階にある中小型株に注目しておくのがいいでしょう。

株価は会社の1年後を織り込みにいく

政策銘柄もビッグチェンジの可能性が高い

また、政府の政策によって恩恵を受ける会社も、ビッグチェンジが起こる可能性があります。いわゆる「政策銘柄」です。

例えば、東日本大震災後の再生可能エネルギー政策などは、その典型例でしょう。再生可能エネルギーについて固定価格買取制度が導入されたことによって、太陽光発電需要が一気に高まり、投資に有利な条件が整いました。太陽光発電用のパワーコンディショナーを製造する田淵電機（６６２４）などは、その典型的なケースです。

田淵電機は政策の追い風を受けて、業績が劇的に改善しました。２０１３年３月に最初の新高値をとってきたポイントが２００円。そこから1年半で株価は9倍。また２０１２年10月の安値１０３円からは、ほぼ18倍になっています。チャートに示したように、何度も保ち合いの

図3-1 株価は良くも悪くも先を織り込む

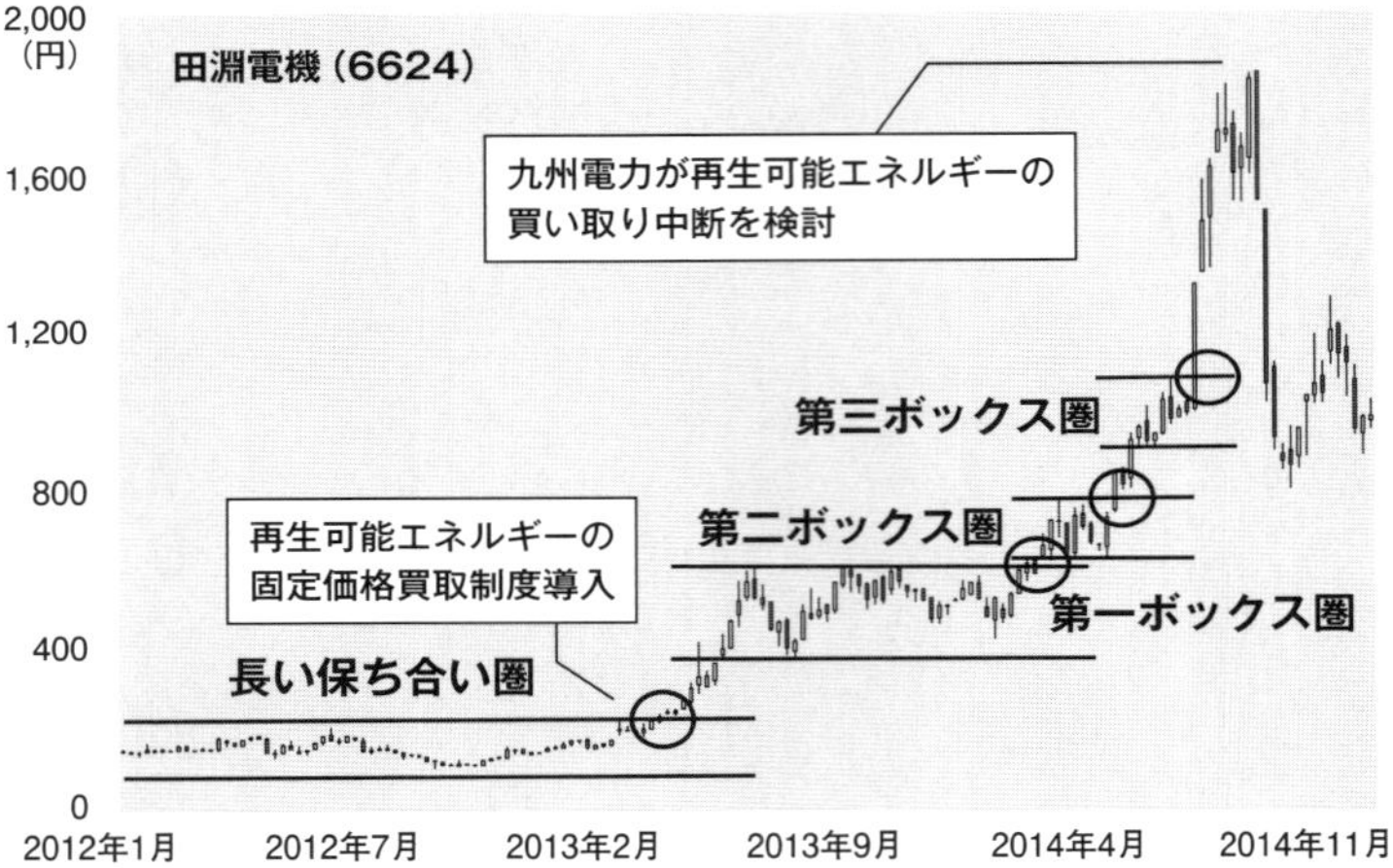

（注）2012年1月第1週～2014年12月第4週の週足チャート。

ボックスを上抜けていきました（図3－1）。

実際に、会社の業績はどうなったのかを会社四季報で見てみると、最初のブレイクがあった頃、2013年3月期の経常利益は10億円でしたが、その2年後、2015年3月期の経常利益は115億円と11倍以上になりました。株価が急上昇したのは、急激に改善したファンダメンタルを、先に織り込んだからです。

一方、チャートで興味深いのは2014年9月26日の週から、大陰線を引いて株価が急落している点です。

田淵電機の四半期決算（3カ月ごとの決算）を見ると、2015年4－6月期

表3-1 田淵電機の四半期業績の推移

決算期	売上高	前年同期比	経常利益	前年同期比	
13.01−03	9,373	66%	445	黒字転換	
13.04−06	9,303	58%	823	黒字転換	
13.07−09	10,987	45%	1,416	224%	
13.10−12	8,943	9%	990	140%	
14.01−03	13,570	45%	2,332	424%	
14.04−06	13,469	45%	3,319	303%	◀中断報道時点のファンダメンタルは絶好調
14.07−09	12,361	13%	2,547	80%	
14.10−12	12,088	35%	2,307	133%	
15.01−03	15,381	13%	3,333	43%	
15.04−06	10,586	▲21%	2,044	▲38%	◀半年以上遅れてファンダメンタルの悪化に表れた
15.07−09	10,750	▲13%	1,578	▲38%	
15.10−12	8,574	▲29%	633	▲73%	

から売上高、経常利益ともに前年同期比でマイナスに転じ、業績に急ブレーキがかかり始めました。株価はこれに先んじて、半年以上も早く、この業績悪化を織り込み始めました（表３－１）。

実は２０１４年9月20日の全国紙の朝刊に、「九州電力が再生可能エネルギーの買い取りを中断する検討に入った」という記事が掲載されました。これをきっかけにして、九州電力以外の大手電力会社５社からも、太陽光発電の設置や売電申請を保留もしくは中止するという発表が相次ぎました。

買い取りの中断は、まだ電力会社の送電網に接続して発電を始めていない発電設備について、新規の買い取り契約を結ぶことを中断するという内容で、新規の事業が大幅に制限されることを意味していました。

これをきっかけに、田淵電機の業績は下降トレンドに入りました。株価は、良くも悪くも会社の6～12カ月先を織り込みにいくとは、こういうことなのです。

この手の成長株は、株価が急騰する反面、下落するときも恐ろしく早いことを、覚えておきましょう。

特にその高成長性に陰りが見えてきたときや、買われてきた理由に大きな阻害要因が出てきたときは、田淵電機の例のように激しく、まさに暴落することがあるので十二分に注意する必要があります。それこそ1カ月で株価が半値くらいまで値下がりすることもあります。

過去のビッグチェンジの事例を押さえておこう

ビッグチェンジを引き起こす要因は、さまざまなものがありますが、大きなくくりとして、次のキーワードに注目するといいでしょう。

●新製品、新サービス、新業態、新技術

●新事業、M&A（買収・合併）
●新経営陣
●政府や日本銀行の政策

過去のビッグチェンジ銘柄を見ると、前述したガンホーやミクシィはスマホゲームの新製品、家電量販店のノジマ（７４１９）は携帯電話販売会社の買収、大塚家具（８１８６）は新経営陣による新配当政策、訪日外国人に人気のラオックス（８２０２）やコメ兵（２７８０）は政府の政策を反映したインバウンド需要で株価が急騰しました。

他にも、過去のビッグチェンジ銘柄はたくさんあります。いずれも株価が短期間で2倍から10倍以上に大化けした銘柄です。ぜひ、過去のビッグチェンジ銘柄の例を調べて、次の大化け株をとらえられるようにイメージを膨らませてください。

また毎年、どういう銘柄が大きく上昇したのかをランキングで見ると、さまざまな発見があります。どのようなことが要因で株価が急騰したのか、その事例を研究することは、成長株投資では非常に意味があります。

ランキングは、例えば、「株探」のサイトで毎年公表しています。参考までに２０１５年の

表3-2 ビッグチェンジで大化け

銘 柄	証券コード	市 場	上昇率	ビッグチェンジ
FVC	8462	JQ	1,422%	投資先企業への期待
アイスタイル	3660	東証1	770%	@COSMEが高成長
WSCOPE	6619	東証1	541%	自動車用電池需要急増
さくらインターネット	3778	東証1	470%	フィンテック関連
アトラ	6029	東証M	399%	独自の整骨院開業システム
アートSHD	3663	東証2	357%	自動運転関連
丸千代山岡家	3399	JQ	304%	好業績と株主優待新設
タツモ	6266	JQ	298%	赤字から大幅黒字へ急回復
アイサンテクノロジー	4667	JQ	281%	自動運転関連
インフォテリア	3853	東証M	279%	フィンテック関連

（注）2015年の値上がり率ベスト10。株探ニュースをもとに著者作成。

株価値上がり率ランキングを見てみましょう（表3－2）。

1位のフューチャーベンチャーキャピタル（FVC）は、独立系の投資会社です。投資先企業への期待が、株価を大きく上昇させました。

第2位のアイスタイルは、化粧品のクチコミ情報サイト「@COSME」を運営している会社です。スマホ版が絶好調で広告収入を伸ばしています。

あなたが女性なら、その人気を知っているのではないでしょうか。消費者の視点が役立つ好例です。

その他の会社も、株価急騰の要因やチャートの動きを調べてみましょう。

新高値更新銘柄探しは「株探」が便利

新高値更新銘柄を一覧で表示

さて、ここからいよいよ大化け株の探し方を説明します。

まず、新高値銘柄を探さなければなりません。毎日、１銘柄ずつチャートを見ている暇はありませんから、日々の新高値銘柄を簡単にスクリーニングする方法が必要です。これがいまは便利なもので、簡単に検索できます。

例えば、ヤフーファイナンスのような株式関連の無料サイトを閲覧するとか、楽天証券のスーパースクリーナーなどの証券会社が提供しているウェブサイトの機能を閲覧するとか、会社四季報オンラインや会社四季報ＣＤ－ＲＯＭなどの有料情報を利用する手もあります。

私のお勧めは、無料で利用できる有望株発掘サイト「株探（かぶたん）」（http://kabutan.jp）です。このサイトにアクセスすると、メインメニューが表示されます（図３－２①）。

ここから、真ん中のタブ「株価注意報」をクリックすると、株価注意報のメニューへ移動しますので、「本日、昨年来高値（年初来高値）を更新した銘柄」を選択します（図3－2②）。すると、その日に新高値を更新した銘柄が一覧で表示されます（図3－2③）。また、新高値銘柄数も表示されているので、株式市場全体の勢いもわかります。

相場が非常に活況のときは500銘柄くらいあり、チェックするのもひと仕事なのですが、弱気相場のときは数が激減し、逆にキラリと光る銘柄を探しやすくなります。

数が多いときでも、毎日繰り返し出てくる銘柄は、すでにチェック済みですので、あらためてチェックする必要はなく、繰り返して出てくることだけ押さえておきましょう。

このメニューの「年初来高値」の定義ですが、当年初1月1日から3月31日までの間は、昨年初からの高値が、年初来高値となります。そして毎年4月1日になると、判定期間の始まりを、昨年初から当年初に切り替えます。

したがって、2016年3月31日時点では、2015年1月1日～2016年3月31日の期間の高値が年初来高値となります。そして、2016年4月1日時点では、2016年1月1日～2016年4月1日の高値が年初来高値となるのです。

私はこの作業を毎日行っています。

図3-2　株探で新高値銘柄を探す方法

❶ 株探（http://kabutan.jp）にアクセスして、メインメニューの「株価注意報」のタブをクリック

❷「本日、昨年来高値（年初来高値）を更新した銘柄」をクリック

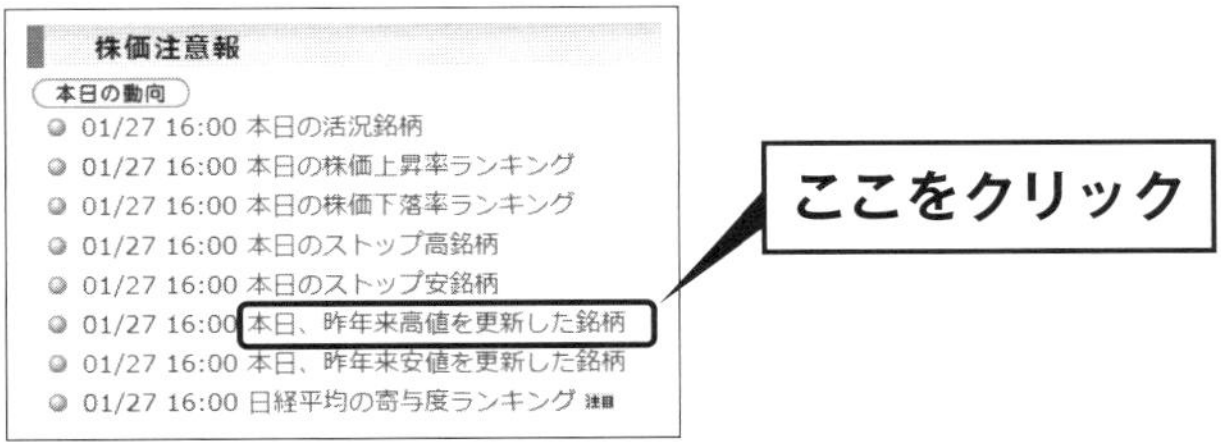

❸ 新高値を更新した銘柄が一覧で表示される

本日、昨年来高値を更新した銘柄（一時更新も含む）

【注】ニュースや決算発表などによる買い継続で、株価が昨年来高値を更新した銘柄

全市場　市場１部　市場２部　新興市場　　株価更新

2016年01月27日　16:00現在　20銘柄

コード	銘柄名	市場		株価	前日比		ニュース	PER	PBR	利回り
1333	マルハニチロ	東1		2,207	+16	+0.73%	NEWS	16.6	1.28	1.36
1573	H株ベア	東E		14,610	+60	+0.41%	NEWS	－	－	－
2124	ジェイエイシ	東1		964	+9	+0.94%	NEWS	21.2	5.82	1.97
2148	ITメディア	東M		1,414	+150	+11.87%	NEWS	52.2	6.21	0.47
2458	夢テクノ	JQ		978	+48	+5.16%	NEWS	18.6	3.08	4.09
2462	ジェイコム	東1		1,866	+61	+3.38%	NEWS	8.6	2.69	2.14
2484	夢の街創造	JQ		1,470	+71	+5.08%	NEWS	43.2	7.13	－
2792	ハニーズ	東1		1,216	+54	+4.65%	NEWS	48.4	1.04	1.64
3654	ヒトコム	東1		1,685	+125	+8.01%	NEWS	20.8	4.21	0.70

（出所）有望株発掘サイト「株探（かぶたん）」

大きな値動きの銘柄を毎日チェック

さて、ここからが「株探」の優れた点です。

気になった銘柄や、知らない銘柄があった場合に、「本のアイコン」にカーソルを乗せるだけで、会社の概要説明が表れます（図3－3①）。いちいちクリックしなくても、どんな会社かイメージすることが可能です。ここでは、ジェイコム（2462）を例に説明します。

次に、隣の「チャートアイコン」にカーソルを乗せると、過去1カ月の日足チャートが表れます（図3－3②）。これもクリックする必要はありません。1月中旬の高値から一度調整して、再び新高値をとってきた様子がノークリックでわかります。

このように、直近1カ月の日足チャートを見ると、その銘柄が新高値を更新し続けているのか、それともまさに今日、短期的な安値から2週間ぶりに高値をとってきたのか、といった直近の情報が見てとれます。

探しているのは、大きな変革を起こしつつあるビッグチェンジ銘柄ですから、突然、大陽線を引いたり、ストップ高した銘柄などが特にチェック対象となります。

もちろん「チャートアイコン」をクリックすれば、詳細なチャートも表示されます（図3－

図3-3　銘柄選びに役立つ便利な機能

❶ 本のアイコンにカーソルを乗せるだけで会社の概要がわかる！

❷ チャートアイコンにカーソルを乗せると日足チャートが表れる！

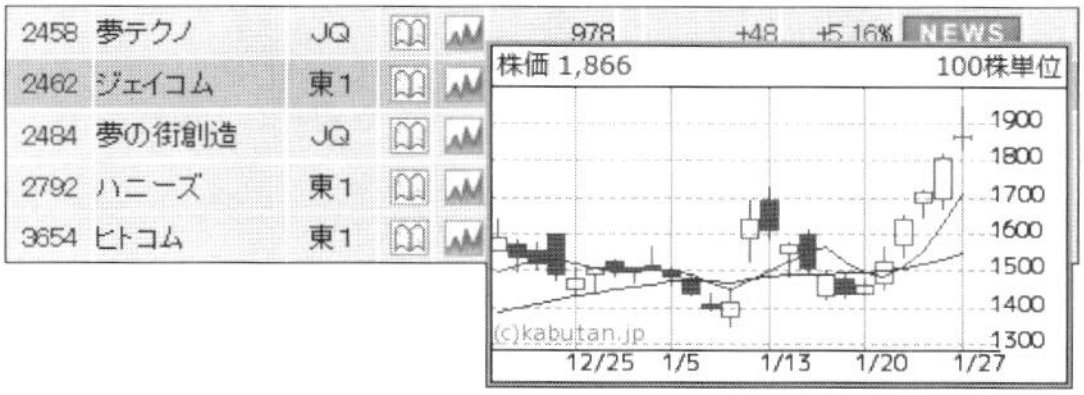

❸ チャートアイコンをクリックすると詳細チャート画面が表示される！

（出所）株探

3③）。日足、週足、月足を選べるのはもちろんですが、一番下にある横矢印のカーソルを動かすことで、表示期間も自由に決められます。

おおよそ過去1年の高値かどうかは、この週足チャートでチェック可能です。また、アベノミクスのようなひと相場が始まってから、株価がどういう動きをしていまに至っているのかを見る場合は、週足チャートが抜群に見やすいでしょう。

ここで、ボックス圏を上抜けてきた動きや、「カップウィズハンドル」から上値ブレイクした強い動きを探せます。**基本的に保ち合い状態から、出来高を伴って新高値を上方にブレイクしてきた株が、テクニカル的に有望と考えられます。**

前日比で大幅高してきた銘柄は、特にチェック対象となります。その日に何か大きなニュースや会社側の発表が出ていることも多いからです。

株式投資は、できるだけ初動をとらえることで成功の確率を上げ、精神的な優位性と大きな儲けを手に入れることができます。大きな値動きをしてきた銘柄や1日の株価上昇率ランキングの上位銘柄を日々チェックしていると、報われるときが必ず来ます。

銘柄選びは宝探しと同じ

ニュースに相場を動かすヒントが隠されている

さて、大きな値動きをして新高値を更新している、そして、自分がよく知っている業界の銘柄を見つけたら、次に、その動きがなぜ起きているのかを調べましょう。

難しいことではありません。「株探」の年初来高値銘柄一覧表から「ニュースアイコン」をクリックするだけです（図３－４①）。すると、いろいろなニュースの一覧を見ることができます（図３－４②）。会社が発表した適時開示情報はもちろんのこと、フィスコなどさまざまなニュースソースからの情報が手に入ります。

記事のタイトルを見て、何か重要そうなものがあれば、必ずチェックします。ビッグチェンジの兆しを探すのです。

ここでは、ＩＴメディアを例に説明しましょう。

図3-4 気になる銘柄のニュースをチェック

❶ ニュースアイコンをクリック

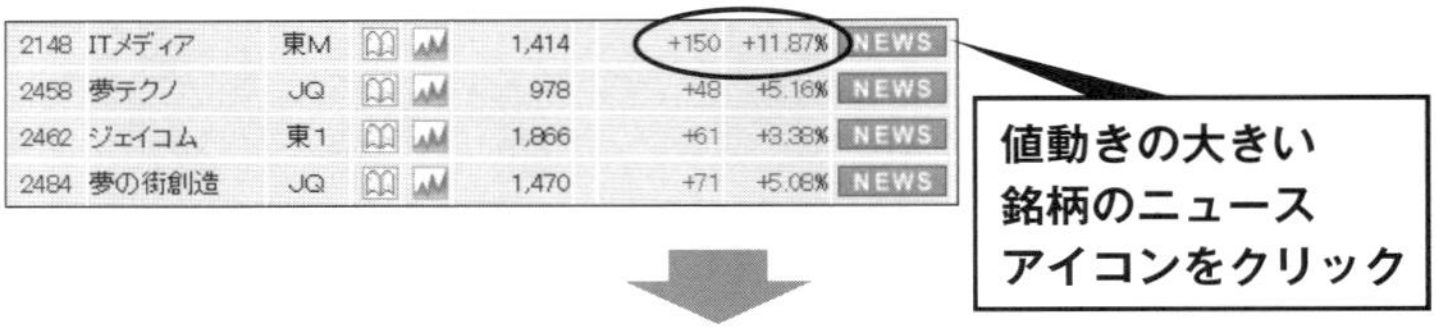

2148	ITメディア	東M			1,414	+150	+11.87%	NEWS
2458	夢テクノ	JQ			978	+48	+5.16%	NEWS
2462	ジェイコム	東1			1,866	+61	+3.38%	NEWS
2484	夢の街創造	JQ			1,470	+71	+5.08%	NEWS

❷ ニュース一覧が表示される

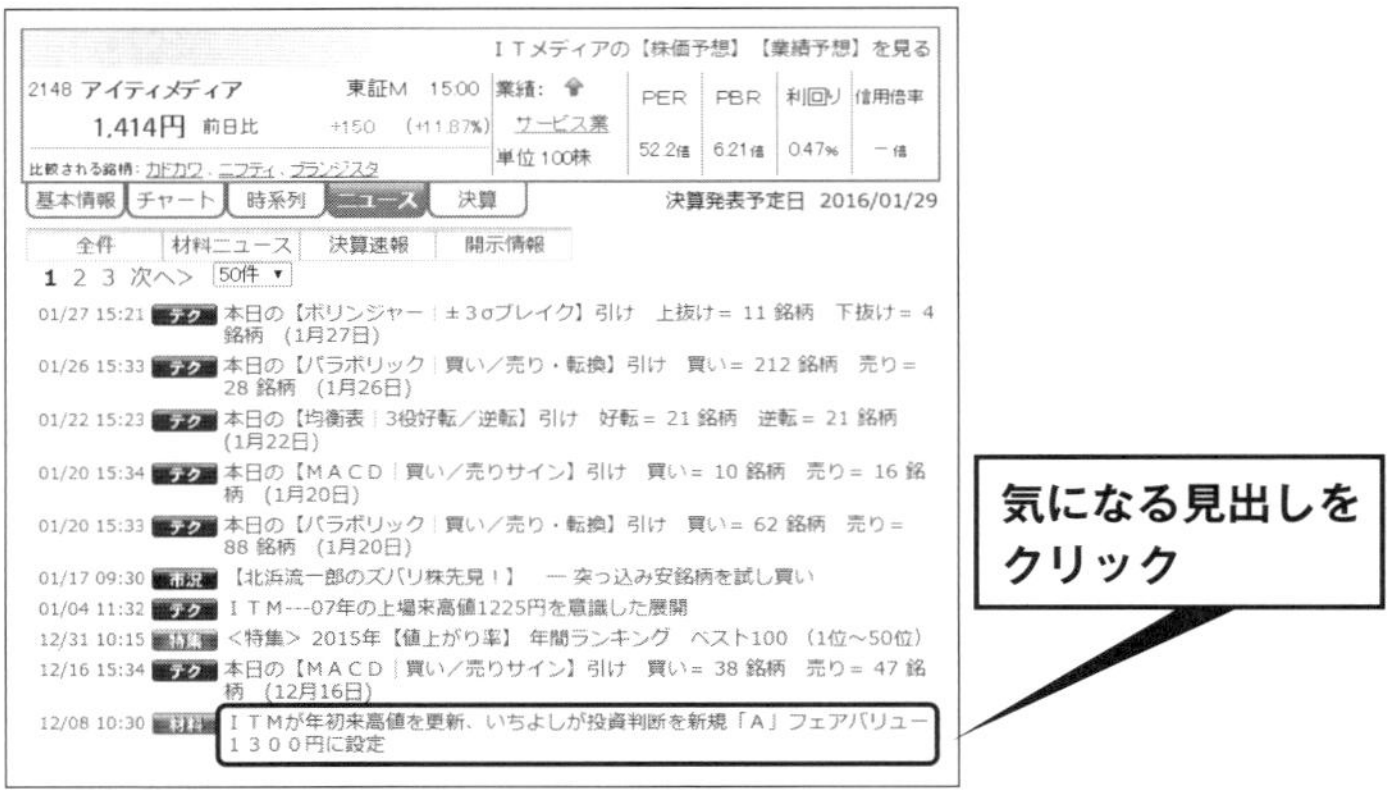

❸ ニュースの詳細が表示される

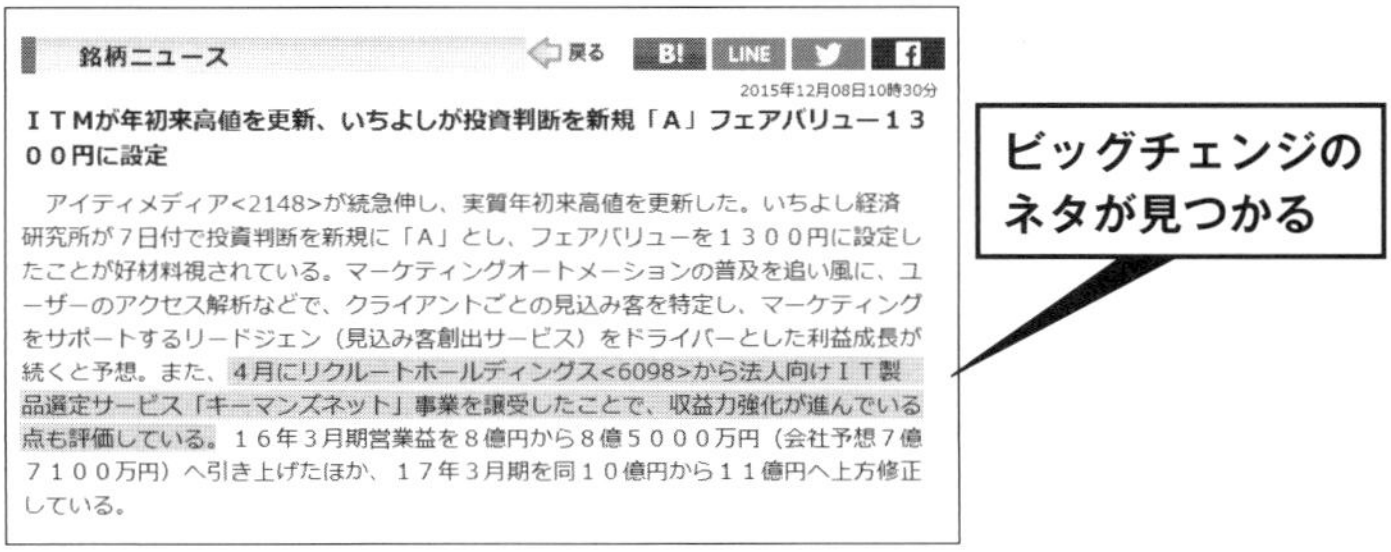

（出所）株探

参考までに、ニュース一覧の下の材料ニュースをクリックすると、ニュースの詳細が表示されます（図３－４③）。ここに掲載したのは、２０１５年12月８日のニュースですが、一読すると、どうやら「キーマンズネット」という新事業が、収益力の向上に一役買っていることがわかります。

このように、気になる株を見つけたら、どんどん調べて行きます。なぜ新高値をとってきて、株価が強い動きになっているのかを調べるのです。

「株探」のニュース欄だけでなく、会社四季報のコメントや内容もチェックしましょう。ヤフーニュースや掲示板などにも参考になるニュースが載っていることもあります。会社のＩＲ動画や決算説明資料を見るのもいいでしょう。

目的はただ1つ、「ビッグチェンジのカタリストと成り得る何か」を探すことです。

銘柄探しは、宝探しと同じです。カタリストとは、株価を動かす材料のことです。前述の大化けしたミクシィは、このニュースにヒントがありました。

ミクシィは、２０１３年11月末頃、突如出来高を伴って新高値を更新してきました。当時、この会社に起きていたのは、「モンスターストライク」という新作ゲームが、ゲームランキング上位に顔を出し始め、累計ダウンロード数を伸ばし始めたことです。これが図３－５のよう

図3-5 ミクシィ大化けもニュースにヒント

銘柄ニュース　戻る　ツイートする

2013年11月25日13時13分

ミクシィ---S高、「モンスターストライク」への期待などを背景に見直し続く

<2121> ミクシィ 2107 +400
ストップ高。先週から上昇が目立っているが、「モンスターストライク」のヒットに対する期待感などを背景に見直しの動きが強まっているようだ。みずほ証券では20日付けで、「ｍｉｘｉ」のＭＡＵ低下で広告減収が著しいが、新サービスは離陸期にあるとコメント。ネイティブゲーム「モンスターストライク」、結婚支援の「ｙｏｕｂｒｉｄｅ」などを運営するＤｉｖｅｒｓｅ社、フォトブックサービスの「ノハナ」が注目の新3本柱とコメントしていた。
《OY》

（出所）株探

なニュースとなって出ていたのです。

そして、新高値を更新した後、株価は1年足らずで12倍以上もの急騰を見せました。新高値が株価500円レベルでしたから、そこから買い出動しても十分に間に合いました。1年足らずで株価は6000円を軽く超えてきたのです。まさに新作ゲームによる会社のビッグチェンジが、株価を大きく押し上げた例です。

情報の速報性はツイッターが一番

急騰株の材料、なぜ株価が急騰しているのかを調べる方法として、ツイッターで検索する方法もお勧めします。

画面の右上に「キーワード検索」と書かれた検索欄が設けられています。ここにキーワードを入

図3-6 速報性はツイッターが一番

力するのです（図３－６）。例えば、アパマンショップＨＤ（８８８９）がなぜ急騰しているかを知りたければ、「アパマン」と入力するだけで、ツイッター上の情報を拾い集めてくれます。それを流し読みするだけで、なにを材料に買われているのかを容易に知ることができます。

ここで、アパマンが「民泊」を材料に買われているようだ、とわかったとしましょう。それがわかると、今度は検索欄に「民泊銘柄」と入力すると、民泊に関連している他の銘柄も簡単に知ることができます。

この方法を用いることによって、「株探」の新高値更新銘柄一覧でストップ高していたサイバーコム（３８５２）は、携帯の５Ｇ（第５世代通信システム）関連、サイバネットシステム（４３１２）はＡＲ（拡張現実）関連として急騰したことが判明します。

以前は、2ちゃんねるやヤフー掲示板が、情報ソースとしての質が高かったのですが、最近はツイッターのほうが早く正確な情報が入ってきます。とにかく、速報してくれる人が大勢、ツイッターに集まっているのです。

ツイッターの良さは、このような利便性もあるのですが、実は最大の良さは速報性にあります。私が以前、車を運転していたときのことです。遠くにものすごい黒煙が空高く立ち上っているのが見えました。明らかに大きな火事、大事故の直後のように見えました。

しかし、ニュースサイトや検索サイトで「火事」や「事故」と入力してみても、それらしい情報にはヒットしませんでした。無理もありません。いまさっき発生したことですから。

でも、ツイッターの速報性を知っていた私は、ツイッターで同じように検索してみました。すると、すぐに見つかりました。しかも写真付きです。もくもくと黒煙が上がる写真を掲載して「羽田空港の対岸で火事！」と載っていたのです。

これだけでも、ものすごい情報価値です。

「川崎の工場地帯のあの辺で火事が起きた。ひょっとしたら、あの会社かもしれない」とすぐに想像することができました。結局、ニュースが流れてきたのは、その数時間後だったと記憶しています。

ツイッターでアカウントを開いて、情報収集する癖をつけておくことは、株式投資では有利に働きます。自分と同じような投資スタイルの投資家を見つけてフォローすると、勉強にもなりますし、なかには保有銘柄を記載してくれている方もいます。

リアルタイムで、実績のある投資家たちがどのようなことを考えているかを知ることは、初心者、初級者の方には特に参考になると思います。

私も、@investorduke というアカウントでツイッターをやっています。手始めに、私のフォローしている投資家さんたちを参考にするのもいいと思いますし、あなたがすごいと思った投資家を見つけて、その方がフォローしている投資家を同じようにフォローして学んでもいいでしょう。

ちなみに私のお勧めは、岡三マン（@okasanman）です。面白いダジャレとともに、さまざまな相場ニュースを速報してくれて、非常に参考になります。

他の投資家の目線でストーリーを考えよう

重要なことは、あなた以外の他の投資家の考え

ビッグチェンジ銘柄のなかには、いわゆる思惑だけで急騰した銘柄もけっこう含まれています。そのときのテーマ性だけで買われて急騰し、ファンダメンタルが伴わなかった銘柄も多くあります。

私はこのような思惑株、テーマ株でも、投資の対象として含めるべきだと考えています。なぜなら、これらの株は、その時々の時代をかなり先取りしていることが多く、実際に、株価が動意づいたときに、ファンダメンタルが後からついてくるか、こないかを見極めるのは非常に困難だからです。

ＩＴバブルの頃、インターネットの革新性を先取りして、ヤフー（４６８９）やソフトバンク（９９８４）の株価が急騰しました。ヤフーは、１年強で１００倍です。絶頂期の予想ＰＥ

Rは2000倍を優に超すところまで行きました。

その頃は、おそらく誰もファンダメンタルを正確に予測できなかったと思います。ただ、すごい時代が来る、すごいことが起こるという感覚はあったと思います。

後から振り返るとわかりますが、ヤフーの場合は業績を本当に先取りしていたと言えそうです。1998年3月期に1億円程度だった経常利益は、その後1500倍以上にもなったのですから。

重要なことは、あなた以外の他の投資家がどう考えるか、ということです。

なぜなら、株式は美人投票だからです。他の投資家が、後からどんどん追随して買ってくれるような展開になりそうかどうかを考えるのです。**「人々の未来に対する想像力をかきたてることによって、上昇するような株」**を探すのです。

私が大塚家具騒動で描いたストーリー

人々の未来に対する想像力をかきたてて上昇した株の話をします。大塚家具（8186）です。この株式は、夜間のPTS市場における値上がり率ランキングをチェックしていて、気が付きました。2015年2月25日の夜のことです。

投資情報会社モーニングスターのサイト（http://www.morningstar.co.jp）のＰＴＳ情報は、大引け後に発表された決算などの開示情報が、夜19時以降にいち早く反映されるため、株価の動きから大化け株を発見できることがあります。

大塚家具のそれまでのイメージは、地味な家具屋で、実際に株価もリーマンショック以降ずっと低迷したままでした。そんな株がＰＴＳ市場でストップ高していたので、これは何かあるなと感じ、「株探」のニュースを見にいきました。

でも、何もありません。

いや、必ず何かあるはずだと、大塚家具のホームページのＩＲサイトを見にいったら、中期経営計画の発表がありました。大塚久美子社長によるもので、父、大塚勝久会長のビジネスモデルからの変革を宣言すると同時に、ＲＯＥ（株主資本利益率）の向上と積極的な株主還元を実施し、配当をそれまでの1株40円から80円に倍増するというものでした。

しかも、配当の倍増は、今後3年は継続するという強い内容と、将来の業績の方向性も同時に示した素晴らしいものでした。まさに会社が大きく変革するビッグチェンジでした。私が探していたものです。

実はそれまでに、メディアでは父と娘の対立がたびたび取り上げられていましたが、この発表で対立が一段と激化したのです。３月末に予定されていた株主総会において、父と娘のどちらが経営権を握るかで委任状争奪戦となるとも報じられていました。

そこで私の考えたことは、配当利回りがどう変化するかです。

２月25日の終値１１０５円で配当が40円だと、配当利回りは３・６％でしたが、これが80円になると倍の７・２％になります。

２月25日の夜間取引ＰＴＳ市場では、ストップ高して１４０５円に。それでも１株80円配当であれば、配当利回りは５・７％ですから、ストップ高で買ったとしても、まだかなり高い配当利回りを得ることができます。

次にヤフーファイナンスで、配当利回りランキングを見にいきました。

ランキングは２位でしたが、３位以下は利回り４・７％以下がずらっと並んでいる状況でした。そこから、その時点の適正配当利回りは最高でも４・７％だろうと考えました。

適正配当利回りから株価を計算すると、次のようになります。

80円配当÷４・７％＝１７０２円

もし、明日（2月26日）にストップ高の１４０５円で買えたら、１７０２円まで上昇する可能性が高いと考えました。

また、娘、大塚久美子社長の出した中期計画は、内容からして株主の過半数の賛同を得る可能性が高い。3月末の株主総会にはまだ日があるので、委任状争奪などで新材料が出る可能性が高い。私は、そう考えました。

１４０５円が１７０２円になれば、21％のプラスです。うまく買えたらこの急騰をとれるかもしれない。こういう初動に乗るのが重要なのです。しかも、配当利回りの株価の下値サポートは強力です。

そこで、翌日朝から成行買いを入れることに決めました。損切りラインは、直近高値の少し下、１１５０円に置きました。

翌日、2月26日。株価は想定通りストップ高の買い気配で始まりました。それを確認して私は買い株数を増やしました。市場が私の想定通りの方向で動いていたからです。

そして、ラッキーなことに午前11時15分頃に全株取引が成立。そして、その数分後、再びストップ高に張り付き、大引けで比例配分となりました。

翌日、２月27日は、想定通り大幅高となり、一時ストップ高まで行ったものの１６４３円で終わりました。

週末にかけて、今度は父、大塚勝久会長のカウンタープロポーザルの可能性を織り込んでいきます。委任状争奪戦で勝つために、配当をさらに上げる方針を出すということです。勝つためには、さらにインパクトのある１株１２０円（娘の提案の１・５倍）は必要ではないかと考えられました。

すると、また皮算用が進みます。

１２０円配当÷４・７％＝２５５３円

さらに、父が高い配当を出せば、娘が再度配当を１株１６０円に引き上げる可能性も高まるというように、どんどん人々の想像を掻き立てていきました。

こうした人々の思惑を乗せて、３月２日の月曜日に市場が開きました。想像通り、１９４０円と非常に高く寄り付き、途中調整を挟んだものの、結局その日もストップ高の２０４３円で

図3-7 投資家目線でストーリーを考える

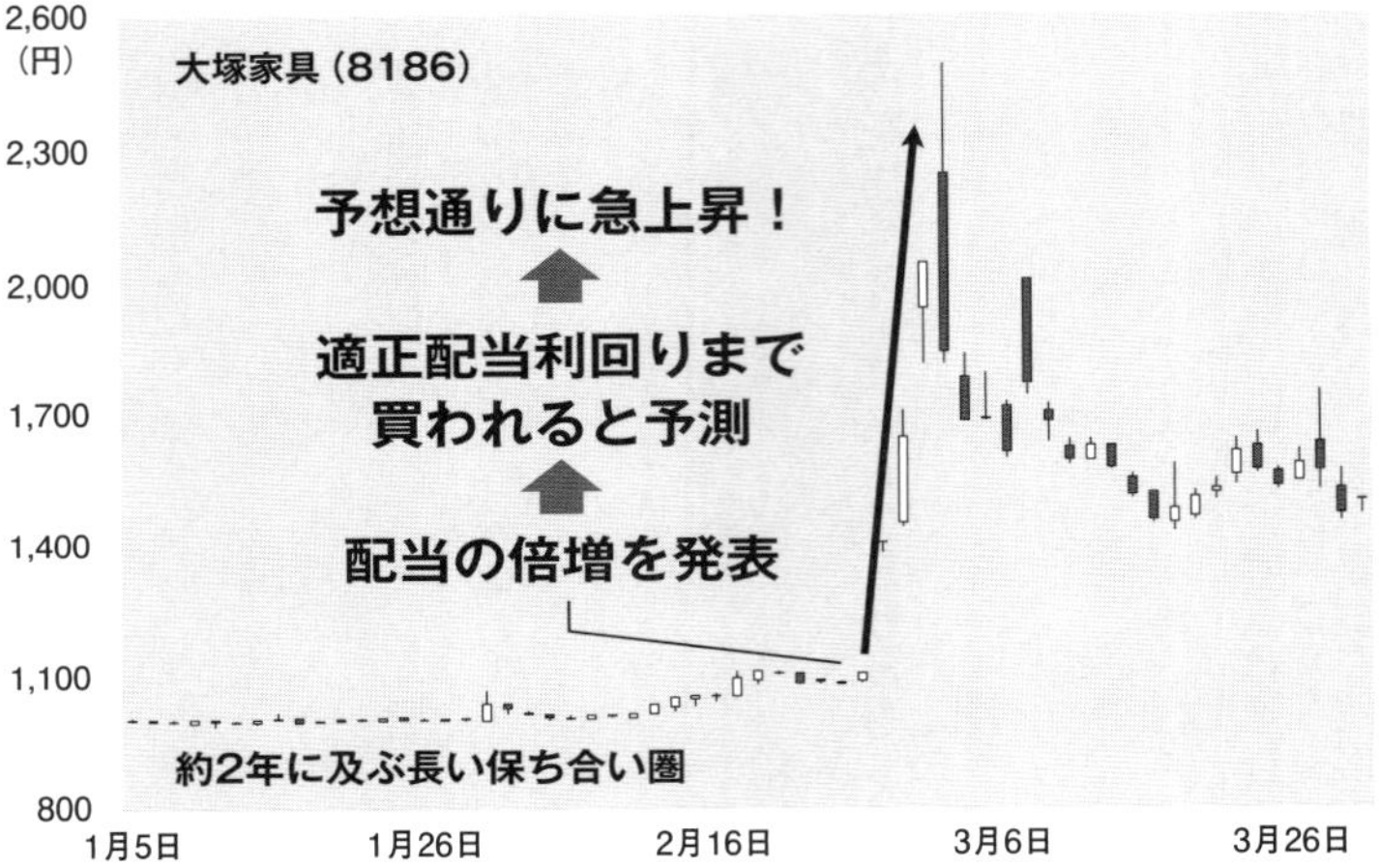

（注）2015年1月5日〜3月31日の日足チャート。

比例配分となりました。

そろそろ想定株価に近づいてきました。テレビ東京の経済ニュース番組、ワールドビジネスサテライトでも、大塚家具のお家騒動と株価急騰について報道される始末です。そろそろ売りを考えなくてはいけません。

１２０円配当だと、想定株価では２５５３円です。急騰前の株価が１１０５円でしたから、ざっくり2倍で２２１０円です。

その辺が当面の上限ではないかと考えたのですが、まだ思惑が続き、さらに上昇する可能性もあるので、天井のサインを確認してから売る方針としました。

翌日、３月３日は、さらに高い２２４３円から取引が始まりました。その後、２４８８円まで駆け上がります。

しかし、その後、長い上ヒゲを付けて、超大陰線を引くようだったので、いったん天井と判断し、１９００円のレベルで売却しました。

４営業日（１週間弱）で35％ほどの上昇をとれたことになります。利食いについては、部分的にもう少し高値での売却もできたので、反省するところは多々あります。

この例は、株価が急騰し、すぐに高配当というビッグチェンジを織り込む動きとなったことと、三空をつけて天井圏のサインが出て、自分自身で決めている売りのルールに該当したので、結果的に超短期の売買となりました。

私の投資術では、このような超短期での利食いは極めて珍しいのですが、自分以外の投資家たちの想像力がどう株価に影響するかを説明するいい例なので、ここに取り上げました。

ストーリーを描くといっても、初心者の方にはなかなか難しく感じるかもしれません。

でも、新高値ブレイク銘柄を見つけ、その裏側にある理由を探すというクセを付けていくうちに、誰でもストーリーを描けるようになります。

第4章
CHAPTER 04

ここを押さえておけば勝率が上がる

――新高値ブレイク投資術の実践①

大失敗から生まれたボックス理論

ボックス圏の上抜けで買い、下抜けで売る

ここまで幾度となく「ボックス」という言葉が出てきますが、新高値ブレイク投資で成功する確度をより高めるための重要な理論が、この「ボックス理論」です。

ボックス理論は、ニコラス・ダーバスという米国の投資家によって考案されました。『私は株で２００万ドル儲けた』という著書を残している非常に著名な投資家です。この本は物語としても非常に読み応えがあり、ドラマチックで面白いので一読をお勧めします。

ダーバスは、世界を旅するダンサーでしたが、株の売買はなんと電報で行っていました。１９５０年代の話ですから、いまを遡ること60年も前のことです。

ダーバスは初心者が犯す間違いをひと通り経験します。そして、間違いの原因を１つ１つ考えてメモに残し、同じ過ちを繰り返さないように気を付けました。そして、２度の大失敗を経

て、ボックス理論に基づく売買法を確立し、大成功します。ダーバスの本には、投資家としての貴重な教訓がいくつも散りばめられています。

ダーバスの売買法は、株価チャートを見つつ、株価の高値と安値のレンジをボックスに見立て、ボックス圏の上抜けで買い、下抜けで売るという投資法です。買いは「ストップオーダー」、売りは「ストップロスオーダー」と「トレーリングストップ」によって、損切りや利益確定を行います。

ストップオーダーによる買いとは、「指定した株価よりも高くなったら買い注文を出す」というオーダーです。ここで過去の高値を設定しておけば、自動的に新高値を付けたところで買い注文を出してくれます。

一方、ストップロスオーダーは、損失を限定させるための注文方法です。７００円で買った後、損失を仮に10％に限定したい場合、６３０円でストップロスの売り注文を出しておくのです。すると、見通しが間違って、株価が６３０円まで値下がりすると、売り注文を出してくれるので、損失がほぼ10％で止まるのです。

またトレーリングストップとは、株価が上昇するに連れて、売り注文の指値を切り上げていくものです。仮に７００円で買った株が８００円に値上がりした場合、10％下にトレーリングストップを置くと、当初の売指値は720円ですが、その後、株価が1000円まで上昇すると、トレーリングストップの売指値は900円に切り上がります。これを活用することによって、株価が突如急落したときでも、一定の利幅を確保できることになります。

成長株投資は、大きな株価上昇が期待できる半面、突如として株価が急落することもあります。だからこそ、利益が出ているときは、それを逸失しないように、損失が生じているときは、それが大きく拡大しないように、トレーリングストップやストップロスオーダーを駆使して、リターンの確保とリスクのコントロールを、しっかり行う必要があります。

では、図を用いてボックス理論を説明していきます。

ボックス理論① 株価の上下変動を取り囲む領域の枠

株価は、常に高値と安値の間を行き来します。自然な上下動です。この上下変動を取り囲む領域の枠が、「ボックス」です。レンジとも呼ばれることもあります（図4－1）。ボックスが形成されるのは、投資家が前回の高値、安値を見ながら売買しているためと思われます。例えば、株式を保有している投資家が、前回の高値を覚えていて、その近辺を目安に売ろうとしたり、これから買おうと思っている投資家が、前回の安値を覚えていて、その近辺になったら買

図4-1 ボックスは株価の上下変動を取り囲む

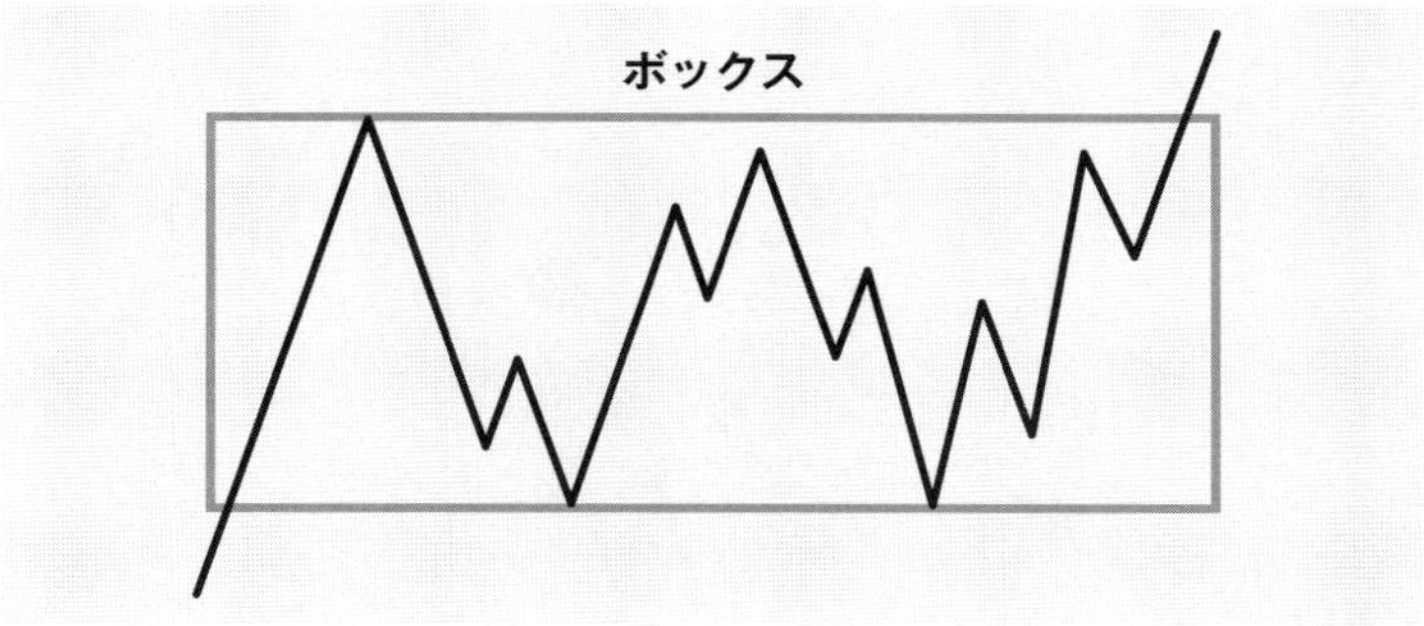

おうとしたりすることが、ボックスを形成するのです。

ボックス理論② 上昇する株はボックスを積み上げる

株価はいったんトレンドを形成すると、しばらく持続する傾向があります。上昇トレンドでも下降トレンドでもそうです。トレンドを描く株式は、一連のボックスのなかで上下に変動しながらボックスを固め、そしてあるとき、ボックスの上限を飛び越えて、次のボックスを形成します。上昇トレンドにある株は、ボックスを積み上げるように推移します（図４－２）。

また、第一ボックス圏に株価がいる間は、チャート上のラインＩが上値抵抗線、つまりみんなが売りたいと考えている株価レベルとして機能しますが、いったん、この線を上抜けて第二ボックス圏に入ると、今度は下値支持線、つまりみんなが買いたいと考えている株価レベル

図4-2 上昇する株価はボックスを積み上げる

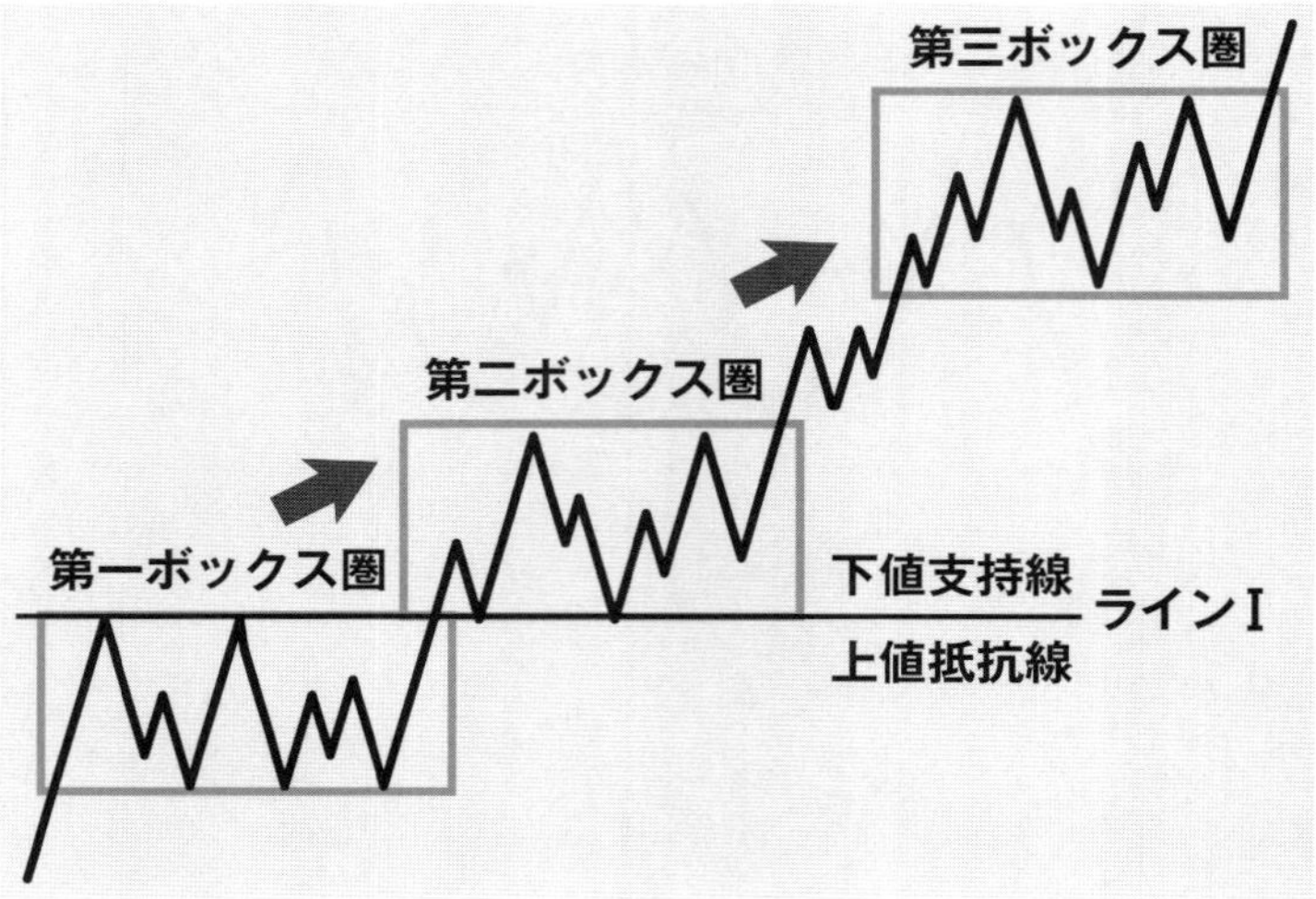

として機能する傾向があります。

このボックス圏のなかで株価が推移している間は、特に問題はありません。しかし、ボックス圏から突如、株価が下抜けた場合は、トレンドが下向きに変わったものとして売却のサインとなります。

ボックス理論③ ボックス圏の上放れ近辺で買う

株価は第一ボックス圏を形成した後、上放れて第二ボックス圏へと移動します。その最初の時点が図4－3の点Aです。ダーバスの理論では、前もってこのような銘柄に注目し、自動的なストップオーダーで買います。

図4-3　買い出動はボックスの上放れ近辺が理想

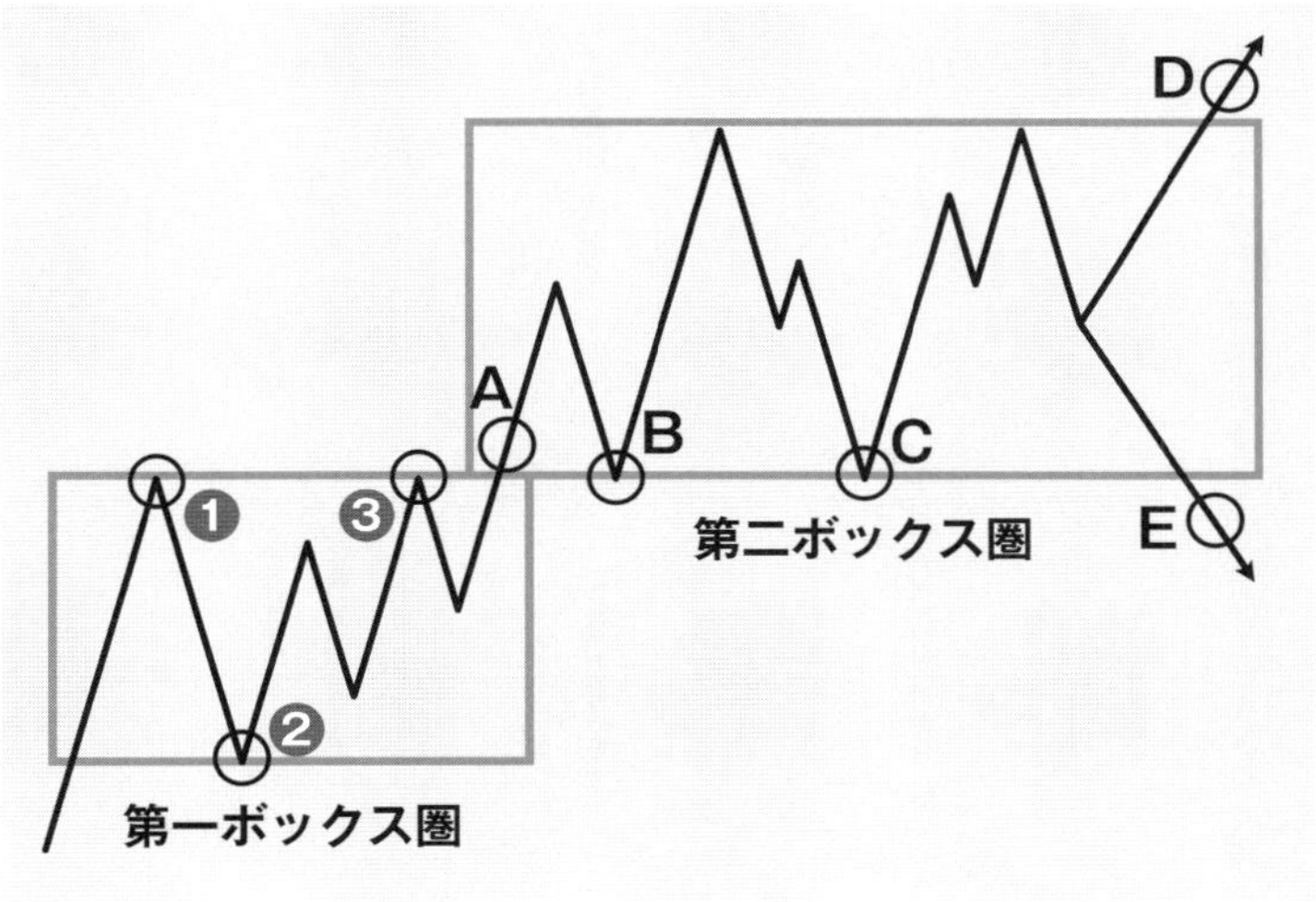

　しかし、現実的にはそういった株を事前にいくつもウォッチするのは困難です。点Aを記録した時点で初めて、新高値銘柄としてスクリーニングの対象に入ってくるのが普通です。そこで銘柄を吟味して、第二ボックス圏の下限となりそうな点Bや、それをきちんと確認した後、点C付近で買い出動するのが現実的な方法だと思います。

　また、上昇の勢いが強い相場では、点Bや点Cに下落することなく、どんどん上昇してしまうこともあるので、第二ボックス圏の半ば辺りで買い出動するなど、全体相場や個別株の強さに応じた微調整が必要です。

図4-4 ローソク足と出来高の傾向

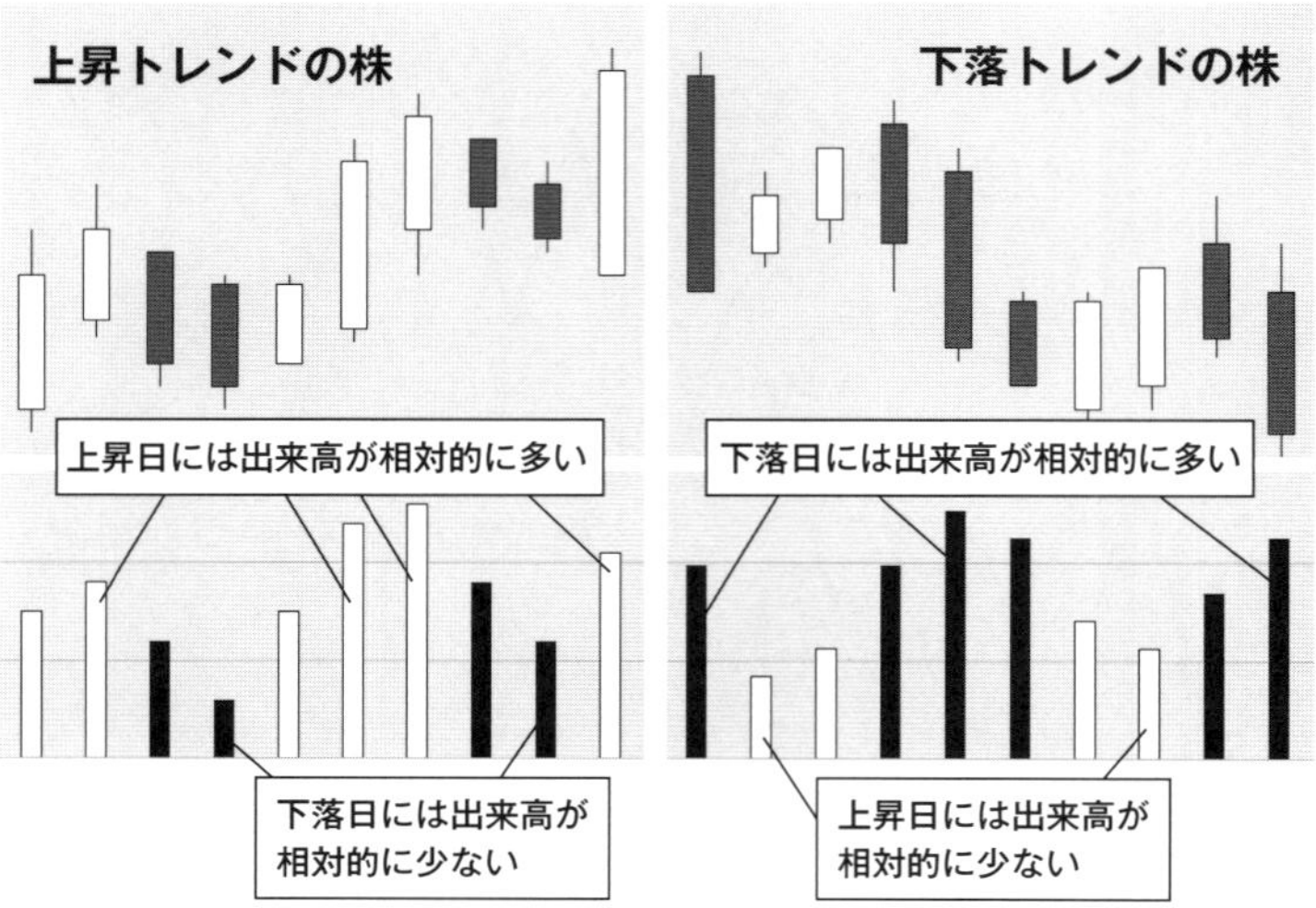

それでも買う機会を失した場合は、次の上抜けのタイミングである点Dを待つことになります。想定通り、第二ボックス圏を上放れて点Dへと行けば、上昇トレンドは継続しているものとして、さらなる買い増しを点Dで行います。

逆に、見込み違いで第二ボックス圏を下抜けて、点Eへと下落した場合は、損切りします。

基本的に強い段階にある株式のチャートは、陽線のときに出来高が増え、陰線のときには出来高が減ります。逆に、弱い段階にあるときは、陽線のときには出来高が少なく、陰線のときに出来高が増える傾向があります（図4－4）。

チャートから投資家の心理を読む

想像を巡らせる習慣をつけよう

チャートは、市場参加者の心理を凝縮して表現したものです。

株式投資で利益を得るには、自分一人の力ではどうにもなりません。チャートを見ながら、他の投資家が買いたい状況なのか、売りたい状況なのか、どちらでもなく迷っている状況なのかなど、想像を巡らせることが大事です。

そのような習慣がつくと、決算発表など新しい材料が出たときに、株価がどう反応するのかがわかりやすくなりますし、事前にある程度は読めるようになってきます。

例えば、先ほどの図４－３を見たとき、あなたはどのような想像を巡らせたでしょうか？

私なら、こんな想像を巡らせます。

「第一ボックス圏の一番左の山の高値（点①）付近で買った投資家のなかには、その後の安値

（点②）を売らずに耐えたけれども、再度値上がりしてきたところ（点③）で、ほっとして買い値と同値付近で売却した人もいるのだろう」

想像は続きます。

「だから、点③の後では一度、株価はしゃがむ必要があったのだろう。でも、それは次の上昇ステップへの準備段階であり、弱い買い手は点③で振り落とされたのだろう」

まだまだ続きます。

「その後の新高値の点Aは、それまでに売りたい人が売ってしまったからブレイクできた。いまはみんな含み益を抱えていて、ハッピーな心理状態だろう。そうなると、しばらくは株価が底堅く推移する可能性が高いのではないか」などと考えるわけです。

同じ図で、もう少し想像してみましょう。

第二ボックス圏の点Cを過ぎてしばらくしてから決算発表があったとします。決算の内容は前年比20％の経常増益でした。良い決算だと理解して、その後の株価は点Dへと上昇するだろうと考えていたとします。ところが、実際には点Eへと下落してしまいました。

ここから読み取れることは、「市場参加者は20％程度の増益では満足していなかった」ということです。

「実際には30％の増益を期待されていたから、下落したのかもしれない。もしかしたら、今後のさらなる成長鈍化を織り込んで下落した恐れもありそうだ」などと考えるわけです。

チャートは、このように自分の想定と異なる動きが起きたとき、自分の考えが間違っていたことを教えてくれるのです。この場合は、ボックスを下割れしたので売却します。

ボックスは自分で見極める

ところで、これらのボックスは自分で見極める必要があります。どこを上限にしてどこを下限にするのか、つまりボックスのサイズを自分で決めなくてはなりません。

ボックスには、高値から安値までが10％の小さい価格差の範囲内でしか動かない銘柄もあれば、15～20％のボックスで激しく動く銘柄もあります。また同じ銘柄でも、ボックスが一段上に行くことで、変動幅が変わることは普通にあります。

銘柄によって、ボックスの形成の仕方はそれぞれ性格のようなものがあり、25％の範囲内で忙しく動くような、極めてボラティリティーの高い銘柄もあれば、ボックスが重なり合って、どれがボックスになっているのか、わかりづらい銘柄もあります。

したがって、値動きを見定めたうえで、個別銘柄に応じてボックスを見極めます。

図4-5 ボックスのサイズは自分で決める

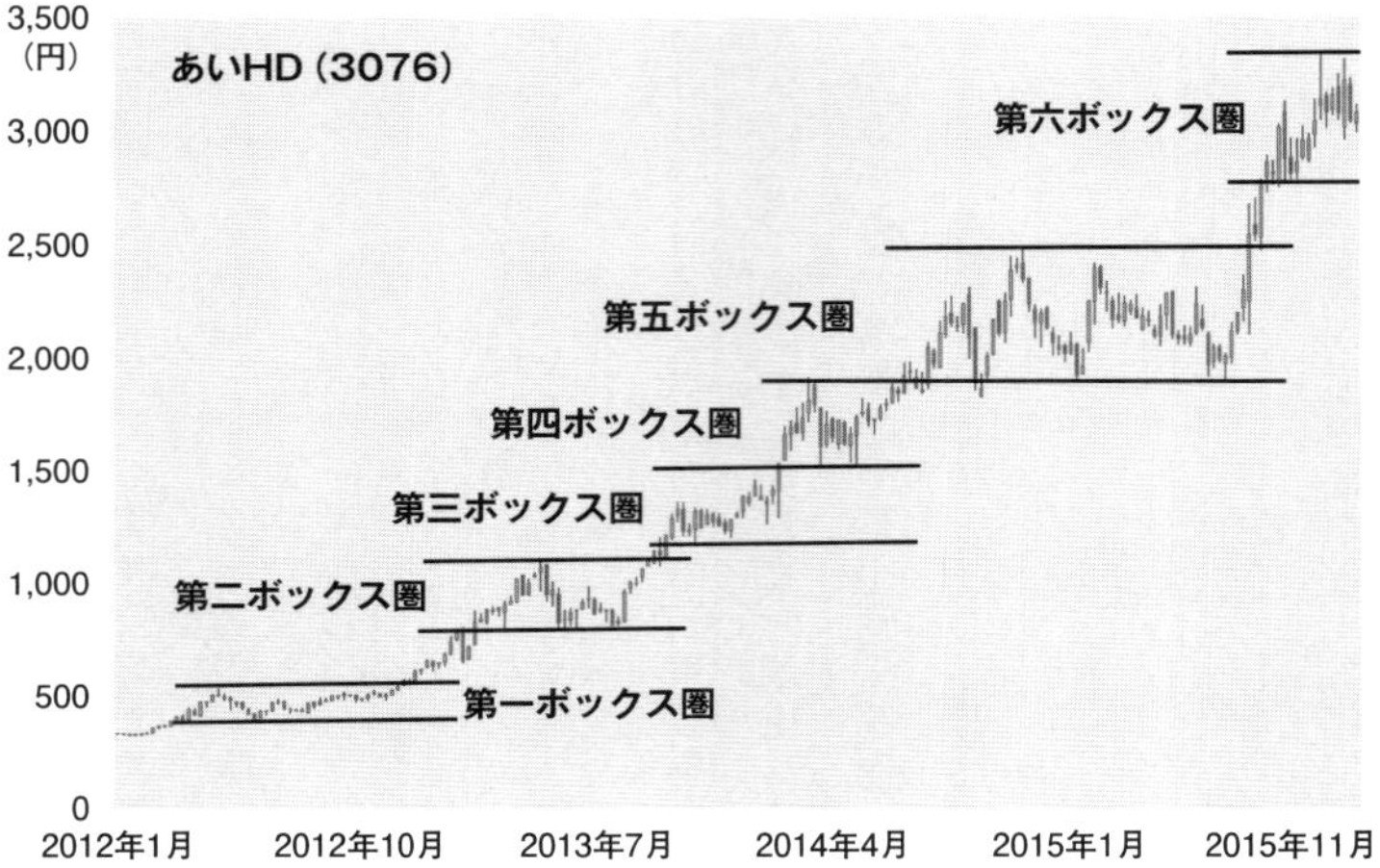

（注）2012年1月第1週〜2015年12月第4週の週足チャート。

ボックスを見るときは、日足チャートで短期（過去1年程度）の値動きを確認しながら、週足チャートで中期（過去2〜3年）の値動きを同時に見ていくといいでしょう。

また、過去どのくらいの保ち合い期間を経ていまに至っているのかを確認してください。保ち合いの期間が長い場合は、日足チャートよりも、週足チャートで見たほうが見極めやすいこともあります。

例えば、あいHD（3076）は、特に第五ボックス圏が、2014年8月から1年間にわたる長い保ち合いなので、週足で見たほうが全体を把握しやすいと思います（図4－5）。

チャートの見方はこの5つだけマスター

勝率を高めるためのテクニック

新高値をブレイクしても全ての株が上昇するわけではありません。ブレイクした後、失速してしまうダマシもよく起こります。

そこで、勝率を高めるために、ブレイク後に株価が急騰するチャートのポイントについて解説します。

ポイント①　保ち合いの期間が長い

保ち合い期間は、助走期間のようなものなので、その期間が短かすぎては高く飛べません。初動のブレイクまで、少なくとも半年はほしいところです。

例えばモノタロウは、２０１３年3月にボックス入りするまで、すでに株価を大きく上昇さ

図4-6 ポイント① 保ち合い期間が長い

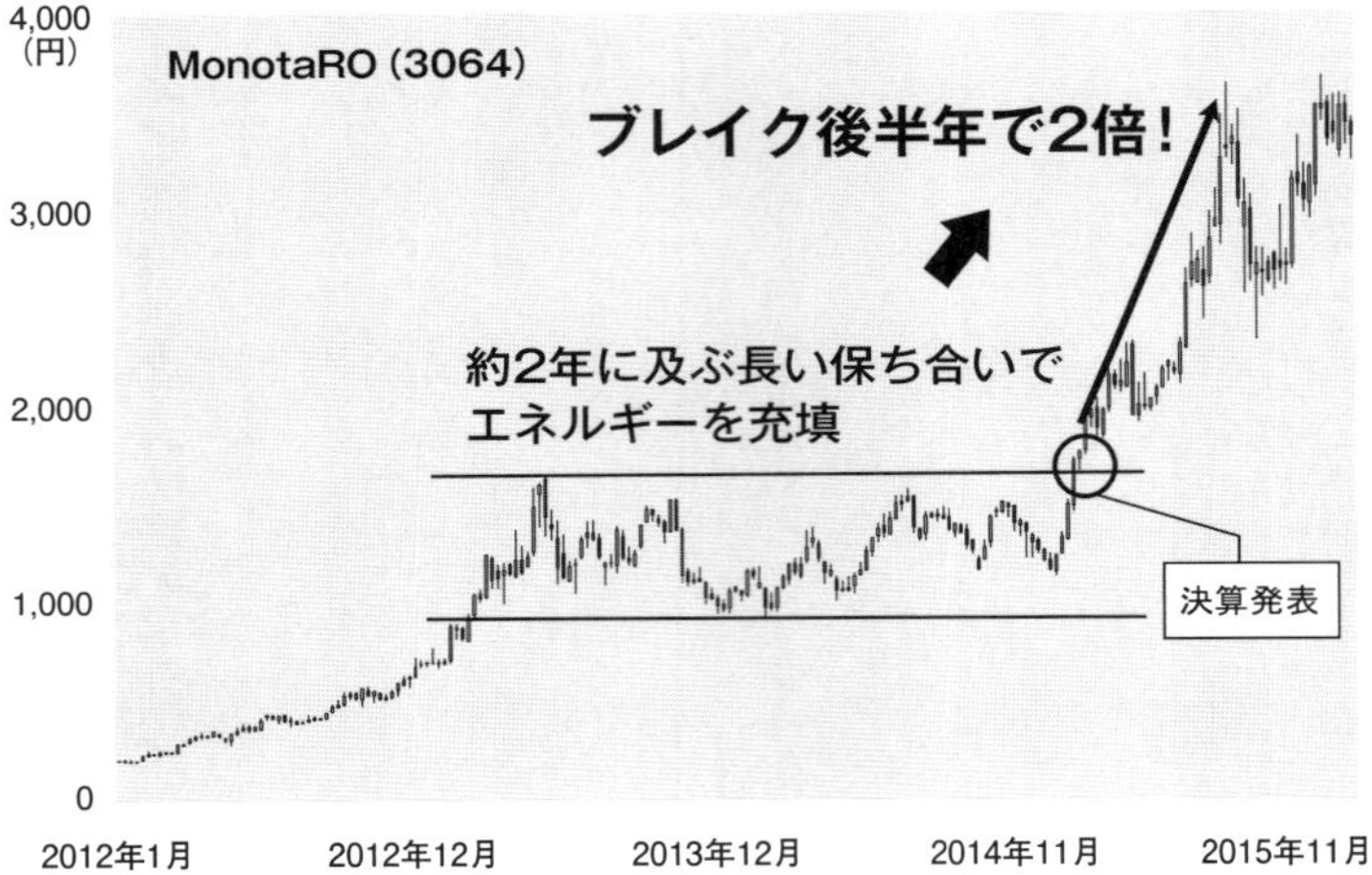

(注) 2012年1月第1週～2015年12月第4週の週足チャート。

せてきました。成長性が高く評価されたからです。

2011年初に1000円程度でしかなかった株価は、2013年3月に1000円になり、そこから長い保ち合い期間に入りました（図4－6）。

この間、約2年。市場は成長性を消化し、会社のファンダメンタルが株価に追いつきます。

そして2015年1月末の年次決算発表を機に、2年ぶりにボックスを上抜けました。エネルギーを十分に充填し、あっという間に半年で株価が2倍になりました。

図4-7 ポイント② 保ち合いの値幅が狭い

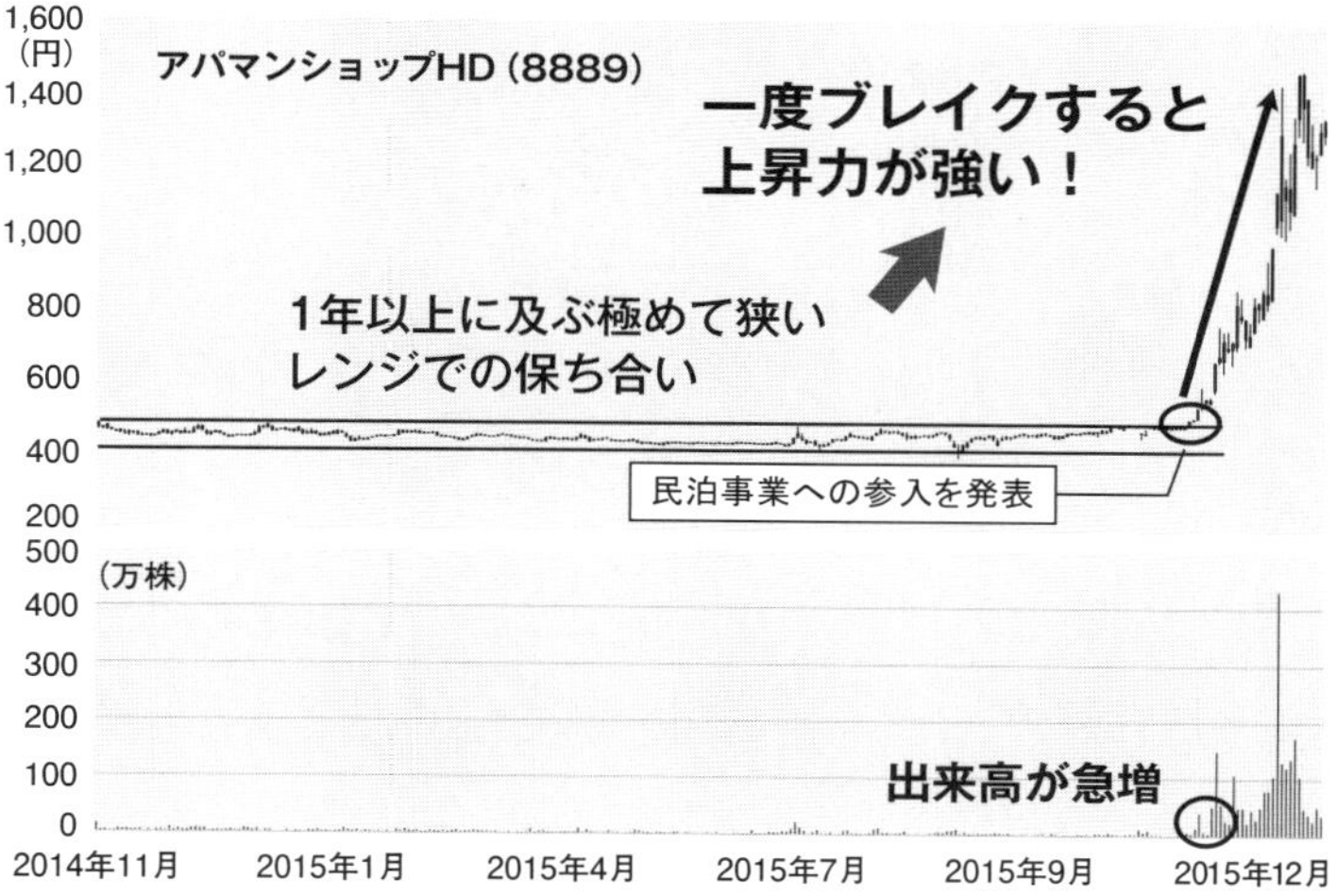

(注) 2014年11月4日〜2015年12月30日の日足チャート。

ポイント② 保ち合いの値幅が狭い

この事例として、アパマンショップHD（８８８９）を取り上げます。

図４－７の通り、値幅の極めて狭いボックスを、１年以上にわたって形成していました。業種も不動産賃貸の仲介や管理と地味なこともあってか、市場では放置され、注目する人もほとんどいない状態でした。

ところが、２０１５年11月17日に「民泊」事業への参入を発表します。これを契機に、政府の民泊政策の追い風にも乗り、株価は大きく上方へブレイクしました。株価は１カ月で２倍に、２カ月で３倍になりました。

図4-8 カップウィズハンドル

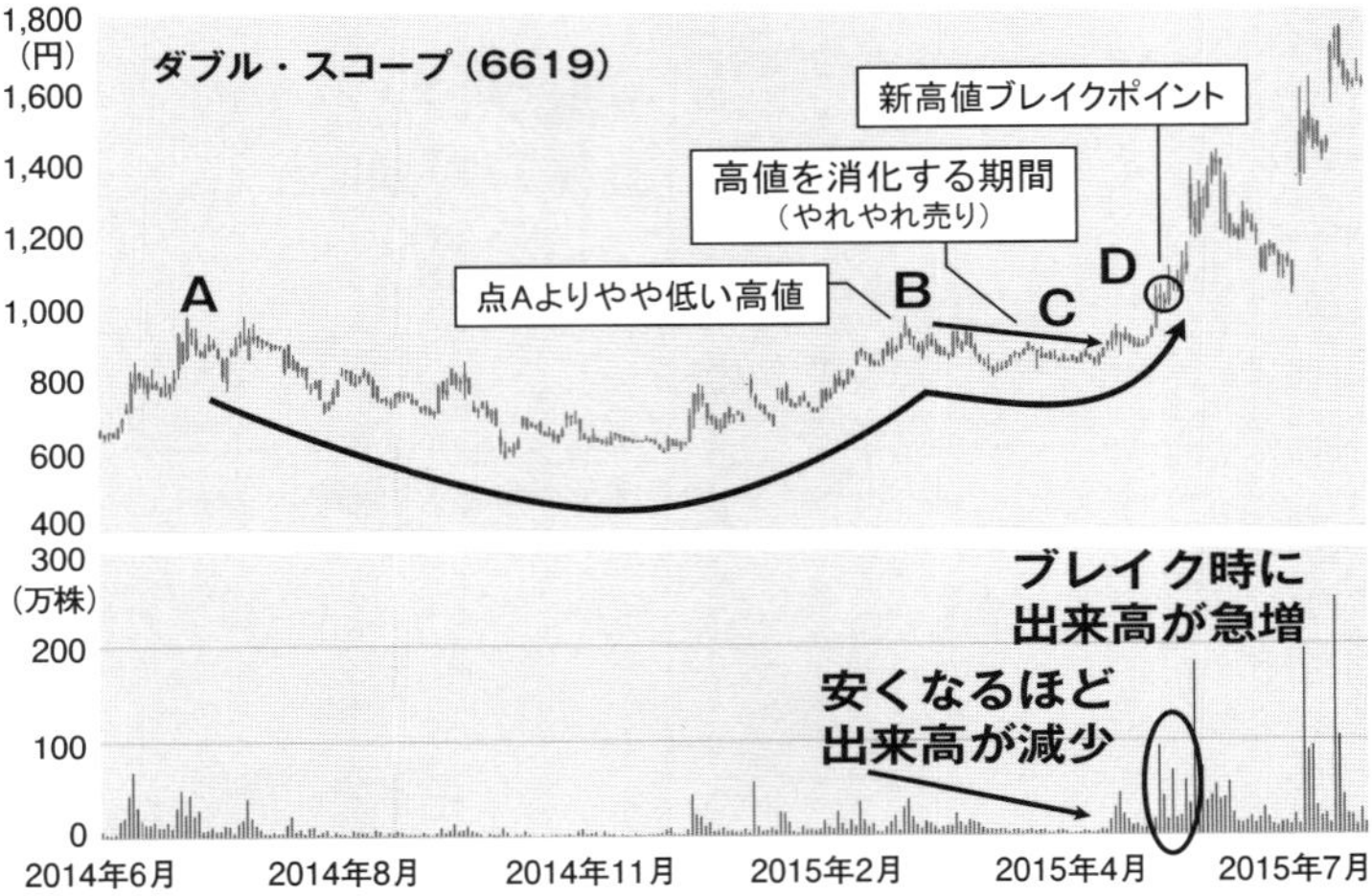

(注) 2014年6月2日〜2015年7月31日の日足チャート。

ポイント③ カップウィズハンドルを形成する

カップウィズハンドルとは、取っ手付きのコーヒーカップを横から見たときの形に似ていることから名づけられたチャートの形です。

ダブル・スコープ(6619)は、2014年7月から2015年5月の間に、カップウィズハンドルを形成しました(図4-8)。株価は2014年7月の高値(点A)から調整を始め、10月から12月にカップの底を形成、この時点でカップの左が完成したことになります。

そこから2015年3月頭(点B)に

図4-9　ポイント③ カップウィズハンドルを形成する

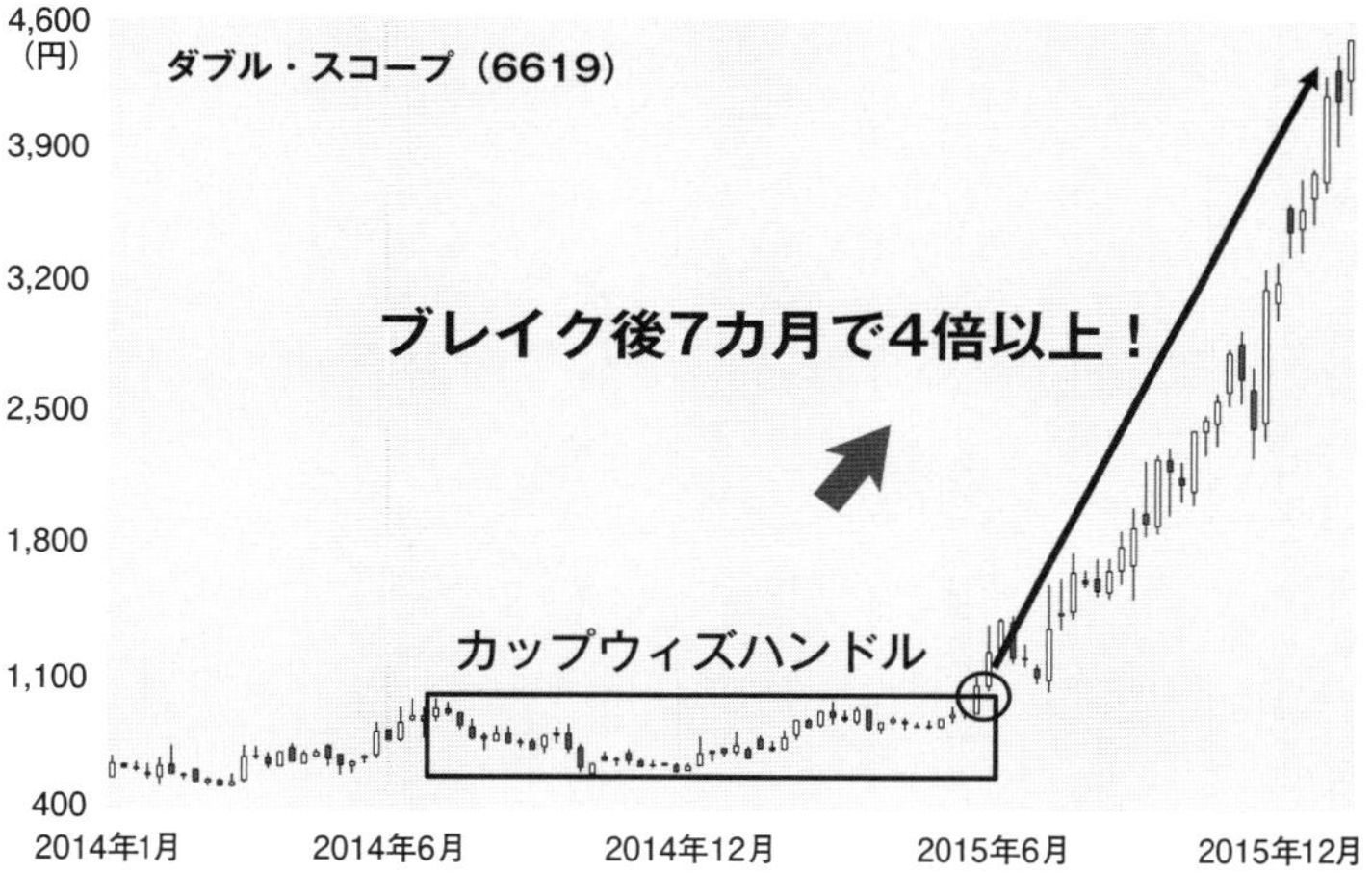

（注）2014年1月第1週〜2015年12月第4週の週足チャート。

かけて再び上昇し、カップの右側が完成しました。この時点で、前回の高値よりも、やや低い水準で調整に入りました（点C）。

期間は２カ月ほどで、高値を消化する、つまり「やれやれ売り」を吸収する期間です。前回の高値を覚えている投資家たちが、この辺でそろそろ売ってもいいだろうと売りを出すポイントです。

注意してほしいのは、この２カ月間で株価はゆるやかな右肩下がりですが、出来高が徐々に減少していることです。つまり、徐々に売りが枯れていることを示しています。

そして５月末頃から第１四半期決算の

好調さなどを材料として、突如買われ始めました。新高値ブレイクポイント（点D）で、出来高が急増しているのがポイントです。

また、カップ本体の高値（９００円台）から、カップの底（６００円）まで、おおよそ40％以内の調整にとどまっていることもポイントです。それ以上の下落率になると、底値から２倍以上の上昇力が必要になり、よほどの好材料がない限り、ブレイクが成功しにくい傾向があります。

新高値ブレイク後、株価は７カ月で４倍になりました（図４－９）。

ポイント④　新高値ブレイク時に出来高が急増する

出来高は市場参加者の注目度を表します。売買の量が多いのは、それだけ買いたい人と売りたい人が増えているからです。出来高の多寡は、人気の度合いを示します。

過去の急騰株の事例を見ても、新高値ブレイク時に出来高が急増しているケースが多く見られます。そのとき、何か大きな変革につながるような材料が出たりしているケースが多いからです。

その新しい材料が、新規の投資家を引きつけ、出来高が急増するのです。

新高値を更新し、出来高が急増すると市場の注目度が高まり、さらに新規の投資家を呼び込む循環が起こりやすくなります。前述のアパマンショップHDやダブル・スコープのチャートからも、それが読み取れます。

ポイント⑤　新高値ブレイクの初期に買う

第2章で解説したハピネットの日足チャート（図2－1）を、もう一度見てください。長い保ち合いから初めてボックスを上放れたポイントを1回目。そこから次のボックスへと上昇し、そのボックスも上放れたポイントを2回目とします。2回目までなら、上昇波動の初期と考えられるので、過熱感もなく比較的安全に投資できます。

しかし、ブレイクポイントの3回目以降になると、かなり市場参加者に認知され始め、過熱感が出てきます。3回目の上昇あたりから、価格のボラティリティーも高まり、ブレイクが失敗するケースも出てきます。

もちろんガンホーのように、10回もブレイクするようなお化け株もありますので、一概には言えないのですが、ボックスが上に行けば行くほど、過熱感が出てくるため、よほどファンダメンタルの改善が継続しない限り、ブレイクに失敗する危険性が高まることを頭に入れておきましょう。

ハピネットの場合は、妖怪ウォッチブームで動意づきましたが、実際のところ、ファンダメンタルの改善に大きく寄与するほどの要因ではありませんでした。というのも、この会社は、妖怪ウォッチ関連玩具を製造していたのではなく、卸売業なので、利益率が低かったからです。一時的に30％の経常増益になりましたが、次の決算期は反動で減益となりました。

このように、ファンダメンタルが追い付かなかったこともあり、3回目のブレイクの後、決算発表直前に好決算期待を受けて三空をつけたのが最後の急騰で、その後、力尽きました。エントリーはできるだけ、上昇の初期段階に行うのが肝心です。

業績チェックはこの4つをマスター

ファンダメンタル分析で銘柄を絞り込む

ビッグチェンジがありそうな新高値銘柄を見つけた。

チャートから、何かが起きていそうな気配が漂う新高値銘柄を見つけた。

ところが、候補の銘柄が20も30もあって、どれに投資すればいいのかわからない。

そこで登場するのがファンダメンタル分析です。これによって、投資が成功する確度を、もう一段高めます。

ファンダメンタル分析というと、非常に難しいイメージを持つ人もいると思うのですが、ちょっとだけ勘所を押さえれば、そんなに難しいものではありません。会社四季報と「株探」を用いるだけで十分です。

会社四季報を確認する場合は、冊子でもいいのですが、できれば会社四季報オンライン（有料）を使用することをお勧めします。最新の業績予想が更新されていることもあり、それが原因で株価に動きが出ていることもあるからです。

ここでは、日本ライフライン（7575）という医療機器を輸入する商社を例に、ファンダメンタル分析のポイントを解説しましょう。

ポイント① 1年ごとの業績の安定性を見る

最初にチェックするポイントは、「1年ごとの業績の安定性」です。具体的には、過去3～5年程度の利益成長が安定的かどうかを見ます。

ここでいう利益とは「経常利益」のことです。経常利益の推移を見て、過去から順調に伸ばしているかどうかをチェックします。経常利益を重視する理由は、税効果の影響や、一度きりの特別損益の影響を排除して、会社の実質的な実力を見るためです。

目安としては、おおむね年率で5～10％以上を維持しており、途中の年で大幅減益がないことがポイントになります。大幅減益が出るような会社は、安定性がないため、安心して保有し続けられません。また買ったとしても、何かの拍子で疑心暗鬼になり、狼狽売りをしてしまう恐れがあります。

また、経常利益が安定成長していても、当期純利益に至る段階で恒常的に大幅に利益が減っている会社も除外します。これは毎年、多額の特別損失を計上している可能性が高いためです。特別損失とは、不動産売却損や減損損失、災害による損失などのことで、こうした特別損益を経常利益から加除し、さらに法人税等を控除したものが、当期純利益になります。

特別損失は、それが1回きりであり、翌年以降、同じような特別損失が繰り返し発生していなければ問題ありませんが、何度も繰り返している会社もあります。そのような会社は投資対象外です。店舗を構えている会社で、閉店による損失を特別損失として経常的に処理している会社に、この傾向があります。外食系にみられます。

日本ライフラインは、２０１３年３月期に減益になっていますが、そこから２０１６年３月期予想も含めて３年連続で大幅増益となっていますので、問題なしと判断します。

ポイント②　直近1～2年の経常利益の伸びを見る

私たちが探しているのは成長株ですから、**「直近1～2年の経常利益が20％以上伸びているか」**に注目します。

ただし、これについては、必ずしも過去1～2年ともに年率20％の利益成長を達成したことを絶対条件にする必要はありません。なぜならば、今年から急成長し始めた会社が除外されてしまうからです。あくまで、目安程度に留めておき、柔軟に会社の業績を見ましょう。

ちなみに私は、30％以上の成長が持続できる会社をいつも探しています。

ポイント③ 四半期の経常利益と売上高の伸びを見る

業績を見る上で、この点が最も重要になります。**見るポイントは、直近2～3四半期の経常利益の前年同期比が20％以上、売上高が10％以上伸びているかです。さらに強調したいのは、直前3カ月の四半期業績が最も重要視されることです。**

なぜなら市場参加者は、その会社の将来の業績に最も関心があるからです。

将来の業績予想をチェックするには、直近の決算が最も重要な手掛かりになります。したがって重要度からすると、直近の四半期の業績が最も重要で、その次に、その前の四半期の業績となります。

3カ月ごとの業績をチェックするときは、「株探」が便利です。検索欄に銘柄コードを入力した後、「決算」タブをクリックすると、決算画面が表れます（図4－10）。ちなみに、この画面で次の決算発表予定日もわかります。

図4-10　経常利益の安定性をチェック

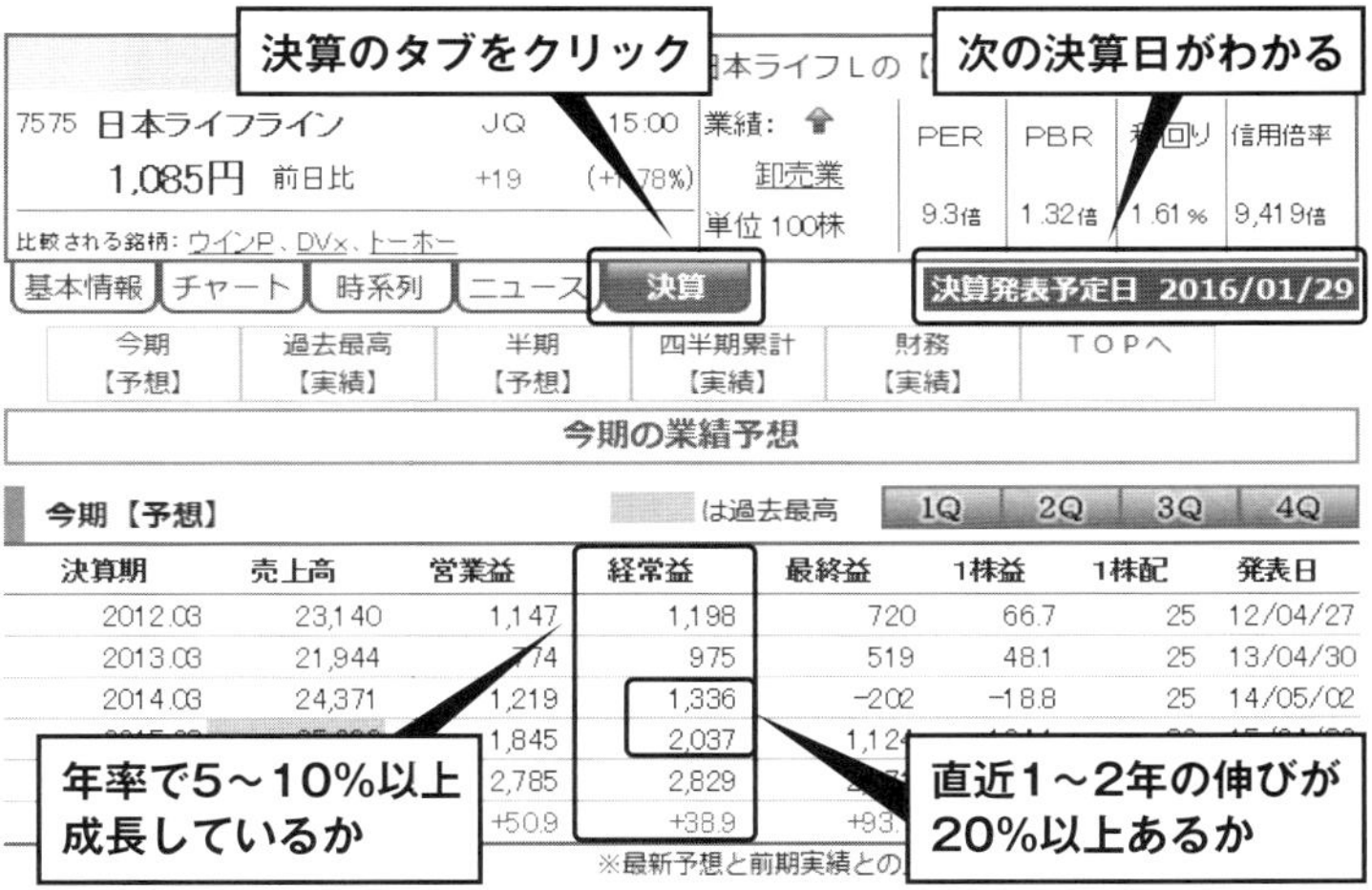

（出所）株探

この画面に、「3カ月業績の推移［実績］」が表れます（図4－11）。累計は、その1つ上の「累計決算［実績］」に表示されます。単位は100万円です。

チェックするポイントは、直近の3カ月。この例では、2015年10－12月期のところです。ここで経常利益の前年同期比が20％以上、売上高が10％以上あるか、を見るのです。

日本ライフラインの経常利益の前年同期比は、プラス69・2％なので大丈夫です。

また、例えばプラス19％の場合、厳密には20％には届いていませんが、あまり杓子定規に20％で足切りする必要はあり

図4-11 直前3カ月の四半期業績が最も重要

3ヵ月業績の推移【実績】　3Q　4Q　1Q　2Q　3Q

決算期	売上高	営業益	経常益	最終益	1株益	売上営業損益率	発表日
14.01-03	6,184	−77	−117	−869	−80.8	−1.2	14/05/02
14.04-06	5,986	148	175	15	1.5	2.5	14/07/31
14.07-09	6,277	521	558	271	25.1	8.3	14/11/05
14.10-12	6,596	696	753	457	42.3	10.6	15/01/30
15.01-03	6,837	480	551	381	35.3	7.0	15/04/30
15.04-06	6,744	647	624	979	95.1	9.6	15/08/03
15.07-09	7,215	668	667	407	41.5	9.3	15/11/02
15.10-12	7,740	1,250	1,274	771	40.0	16.1	16/01/29
前年同期比	+17.3	+79.6	+69.2	+68.7	−5.4		(%)

直近の売上高が前年同月比10%以上か

直近の経常利益が前年同月比20%以上か

売上高営業利益率が伸びているか

（出所）株探

ません。基準に満たない四半期があった場合でも、その前後の四半期が達成していれば、よしとします。基本は直近の四半期を最重要視し、柔軟性をもって全体で判断します。

ちなみに、業種によっては、四半期で赤字になる会社があります。不動産デベロッパーなどによくあるパターンです。第1四半期～第3四半期までずっと赤字で、最後の第4四半期で利益をドーンと出してくるのです。季節要因による変動が著しいため、四半期毎の決算を見ても実態がよくわかりません。

結論から言うと、こういう会社は避けたほうが無難です。

理由は、売上が立っていないため、期中の実態が把握しにくいからです。本当に期末にきちんと黒字になるのか疑心暗鬼になりがちであり、ちょっとした調整局面があると、安値で狼狽売りしてしまう恐れがあります。期末にきちんと売上が計上されるという情報が、受注残高などでわかれば、投資対象として検討してもいいと思いますが、やはり難易度は高いでしょう。

次に、売上高を見る場合のポイントです。

日本ライフラインの売上高は、前年同期比プラス17・3％と表示されています。10％以上なので問題ありません。

売上高を重視する理由は２つあります。

１つ目は、売上高が伸びていないのに、利益だけが伸びている場合は、リストラなどの一時的な経費削減などによって、会社に無理が生じている恐れがあること。人員削減、工場閉鎖、赤字部門の撤退などのリストラによる業績改善は長続きしません。

２つ目は、理想的な利益成長は、利益の源泉である製品やサービスによる売上が、きちんと利益の成長につながっていることです。利益の３大源泉は、販売数量の増加、販売価格の引き上げ、コストの削減です。継続的な成長には、売上高の増加が必須なのです。売上高の伸びない会社に高成長は望めません。

次に、1つ前の3カ月（2015年7－9月期）をチェックします。「株探」では、1つ前の3カ月は、前年同期比が表示されないので、自分で電卓をたたきます。

経常利益6億6700万円（2015年7－9月期）に対して、その1年間前は5億5800万円（2014年7－9月期）ですので、19・5％と出ます。おおむね20％の伸びなので問題ありません。

さらに言えば、直近2015年10－12月期の利益成長率（69・2％）が、2015年7－9月期の利益成長率（19・5％）を上回っているほうがいいので、できればそのような会社を探しましょう。四半期の対前年の伸び、対前四半期の伸び、双方が加速している状況が望ましいのです。

ポイント④　売上高経常利益率の伸びを見る

最後に見るポイントです。売上高経常利益率（＝経常利益÷売上高）は、自分で計算する必要がありますが、「株探」では売上高営業利益率（＝営業利益÷売上高）が、「売上営業損益率」として「3カ月業績の推移［実績］」の右側に表示されているので、簡易的にこれを用いてもいいでしょう。

ちなみに、営業利益と経常利益の違いは、主に支払利息、受取配当金、為替差損益の３つが経常利益に含まれていますが、営業利益には含まれていません。受取配当金と為替差損益については、その会計期間の配当金や為替の変動によって大きくぶれることもありますので、売上高営業利益率を簡易的に用いてもまったく問題ありません。

日本ライフラインの例では、２０１４年10－12月期の10・6％から、２０１５年10－12月期の16・1％へと5・5％も増加しています。

さらに１つ前の３カ月でも、２０１４年７－９月期の８・３％、２０１５年７－９月期の９・３％へと１・０％増加しています。

さらに言えば、直近の利益率（16・1％）のほうが前の期（９・３％）よりも高いほうがベターです。ただし、業種によっては、四半期ごとの季節要因がありますので、原則として、前年同期比で伸びていれば大丈夫です。

以上をまとめると、**経常利益、利益率、売上高が2～3四半期連続で伸びている会社が理想です。直近の業績で、この3点をクリアしている会社は、将来も大きな利益の成長を実現する可能性が高いです。**

また、売上高が増加し、利益率が上昇すると、ＰＥＲ（株価収益率）の評価レベルも上昇することがあります。利益の増加が株価の上昇につながることは明白ですが、利益率の向上も同様にＰＥＲの上昇を通して株価上昇につながることが多いのです。

これは、経常利益率が高いということは、製品やサービスの競争力が高い（つまり価格競争に巻き込まれにくい）ということを意味し、その結果、株価（ＰＥＲ）が高いということにつながります。

同様に、経常利益成長率が高いということは、将来への成長期待が高いことを意味しますので、その結果、株価（ＰＥＲ）が高いということにつながります。

したがって、投資家が利益について考えるべきことは、次の３つです。

- **利益はどれだけあるのか（収益性）**
- **それはいつまで続くのか（持続性）**
- **それはどれほど確かなのか（確実性）**

これらは、株価の動きに最も影響を及ぼす要素です。

実践　ＤＵＫＥ。式業績予想①

アナリストでなくても業績予想は簡単にできる

株価は、将来の業績を織り込んで推移します。したがって、過去の業績を分析するだけでなく、将来の業績についても、ある程度、検討できるようにしておきましょう。

将来の予想について、実際に私が日本ライフラインで行った検討を例にして説明します。少し古くて申し訳ありませんが、２０１４年10月末～11月前半頃にかけて考察したものです。

２０１４年10月27日に、この会社は突然、ストップ高で新高値をとってきました。そこで10月27日の引け後に、「株探」のニュースをチェックしてみました（図４－12）。

「日本ライフライン、今期経常を一転35％増益に上方修正」

減益予想だったものを一転増益予想に変えたようです。おそらくよほどのインパクトがあるものなのでしょう。

図4-12 ニュースからキーワードを探す

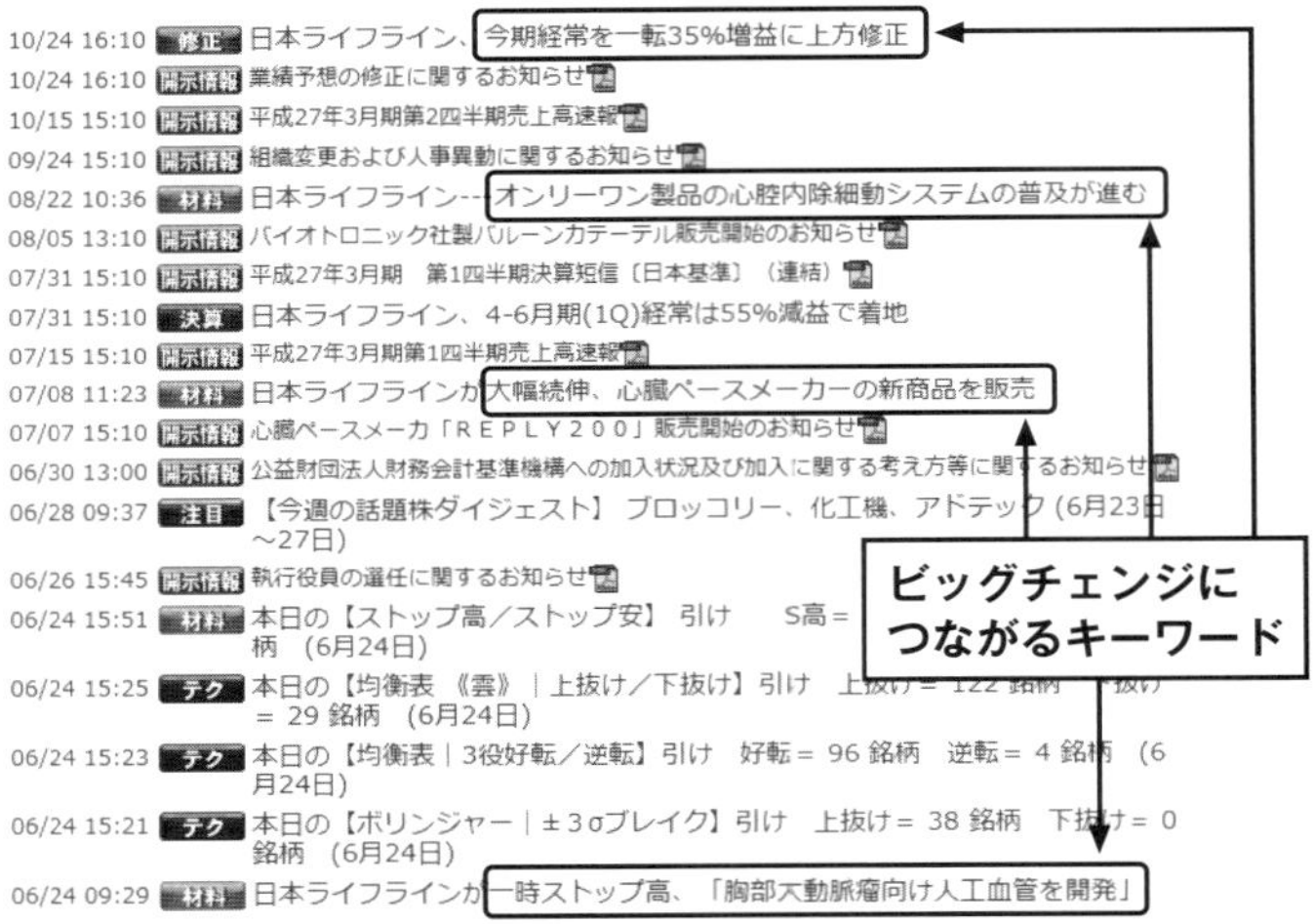

（出所）株探

その他のニューススタイトルを見ると、「オンリーワン製品」や「新商品」といったビッグチェンジになりうるキーワードが散見されます。これは期待できるかもしれません。

さらに、6月にも「人工血管を開発」してストップ高になっていたこともわかります。どうやら医療品のメーカーで技術力もあるかもしれない、と思いました。

次に「業績予想の修正に関するお知らせ」をクリックして、10月24日付の会社の開示情報を確認します。

重要な点は利益の変化率です。特に経常利益の増加率が重要です。経常利益は、特別損益や税効果を除外しているので、会社の実力が見やすいからです。

上半期（４～９月）が終わった10月時点で、上期経常利益は約３００％増、通期で66％増となっていました。将来の株価変動要因となる通期の上方修正は、前年実績を上回り、一転35％の増益予想となりました。

次に、修正の理由を会社資料から読み取ります。このようにありました。

「上期におきましては心腔内除細動システムの市場への浸透が進んでいるほか、本年7月に発売したオンリーワン製品である「J-Graft（ジェイ・グラフト）オープンステントグラフト」の販売数量が伸長していることなどから、自社グループ製品の売上構成比が増加し、売上総利益が計画を上回る見通しとなりました」

注目すべき点は２つ。

●オンリーワン製品の販売数量が伸長。

●自社グループ製品の売上構成比が増加し、売上総利益が計画を上回る。

「オンリーワン製品」ということは、他社からは発売されていない製品という意味ですから、他の通常の製品よりも利益率が高いことが想定できます。したがって、このオンリーワン製品が将来、さらに売上を伸ばせば、もう一段の上方修正余地が期待できそうです。

「自社グループ製品の売上構成比が増加」という点からは、自社の製品と他社の製品を扱っていることがわかります。

次に、会社四季報の特色欄で何をやっている会社かを確認します（図4－13）。

「医療機器輸入商社。ペースメーカーなど心臓領域が得意分野。電極カテーテル等を自社生産」

輸入商社でありながら、自社生産している変わった会社であることがわかります。業種は卸売業に分類されています。ちなみに卸売業に分類された会社は、相対的に株価の評価が低くなる傾向があります。

私は、自社製品の売上構成比が増加すれば、もっと儲かるのではないか、と考えました。そこで会社四季報から、近年の業績トレンドを確認します。

図4-13 会社四季報で業績トレンドを確認

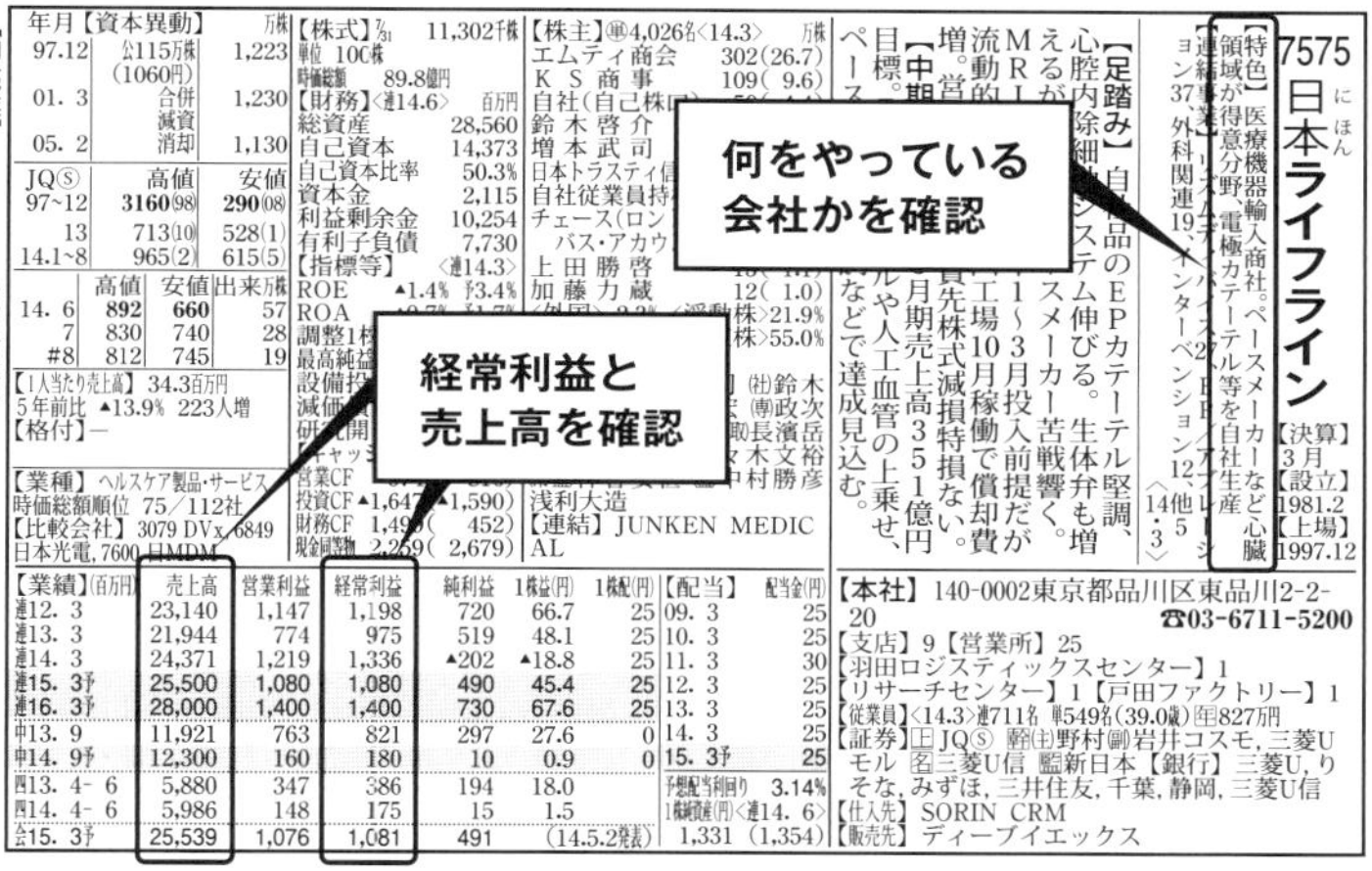

7575 日本《にほん》ライフライン

【決算】3月 【設立】1981.2 【上場】1997.12

【特色】医療機器輸入商社。ペースメーカーなど心臓領域が得意分野、電極カテーテル等を自社生産

【卸売業】 ➡前号並み

年月【資本異動】 万株
97.12 公115万株（1060円） 1,223
01. 3 合併 1,230
05. 2 減資消却 1,130

JQⓈ	高値	安値
97~12	3160(98)	290(08)
13	713(10)	528(1)
14.1~8	965(2)	615(5)

	高値	安値	出来万株
14. 6	892	660	57
7	830	740	28
#8	812	745	19

【1人当たり売上高】34.3百万円
5年前比 ▲13.9% 223人増
【格付】—

【業種】ヘルスケア製品・サービス
時価総額順位 75／112社
【比較会社】3079 DVx, 6849 日本光電, 7600 日MDM

【株式】7/31 11,302千株
単位 100株
時価総額 89.8億円
【財務】<連14.6> 百万円
総資産 28,560
自己資本 14,373
自己資本比率 50.3%
資本金 2,115
利益剰余金 10,254
有利子負債 7,730
【指標等】<連14.3>
ROE ▲1.4% 予3.4%

投資CF ▲1,647 (▲1,590)
財務CF 1,490 (452)
現金同等物 2,259 (2,679)

【株主】単4,026名<14.3> 万株
エムティ商会 302(26.7)
K S 商事 109(9.6)
自社(自己株口)
鈴木啓介
増本武司
日本トラスティ信
自社従業員持株
チェース(ロン
バス・アカウ
上田勝啓
加藤力蔵 12(1.0)
浅利大造
【連結】JUNKEN MEDICAL

【連結事業】
ヨン37、外科関連19、インターベンション12、他5〈14・3〉

【足踏み】自社品のEPカテーテル堅調、心腔内除細動システム伸びる。生体弁も増えるが、MRI 対応ペースメーカー苦戦響く。1～3月投入前提だが流動的。工場10月稼働で償却費増。当期は投資先株式減損特損ない。
【中期】17年3月期売上高351億円目標。ペースメーカーや人工血管の上乗せ、などで達成見込む。

【業績】(百万円)	売上高	営業利益	経常利益	純利益	1株益(円)	1株配(円)
連12. 3	23,140	1,147	1,198	720	66.7	25
連13. 3	21,944	774	975	519	48.1	25
連14. 3	24,371	1,219	1,336	▲202	▲18.8	25
連15. 3予	25,500	1,080	1,080	490	45.4	25
連16. 3予	28,000	1,400	1,400	730	67.6	25
中13. 9	11,921	763	821	297	27.6	0
中14. 9予	12,300	160	180	10	0.9	0
四13. 4- 6	5,880	347	386	194	18.0	
四14. 4- 6	5,986	148	175	15	1.5	
会15. 3予	25,539	1,076	1,081	491	(14.5.2発表)	

【配当】	配当金(円)
09. 3	25
10. 3	25
11. 3	30
12. 3	25
13. 3	25
14. 3	25
15. 3予	25

予想配当利回り 3.14%
1株純資産(円)<連14. 6>
1,331 (1,354)

【本社】140-0002東京都品川区東品川2-2-20 ☎03-6711-5200
【支店】9【営業所】25
【羽田ロジスティックスセンター】1
【リサーチセンター】1【戸田ファクトリー】1
【従業員】<14.3>連711名 単549名(39.0歳)年827万円
【証券】上JQⓈ 幹(主)野村(副)岩井コスモ, 三菱Uモル 名三菱U信 監新日本【銀行】三菱U, りそな, みずほ, 三井住友, 千葉, 静岡, 三菱U信
【仕入先】SORIN CRM
【販売先】ディーブイエックス

（出所）会社四季報2014年4集

業績欄の経常利益に注目すると、2013年3月期の9億7500万円がボトムで、そこから13億3600万円（2014年3月期）へとV字回復したことがわかります。

2015年3月期の予想は10億8000万円でしたが、その後、18億円へ大幅に上方修正しました。

37％増だった前年に引き続き、修正後の伸び率は35％増です。2年連続で35％超の利益増加は驚異的です。

また、売上高もきちんと増加していますので、製品の売上と利益が好循環していることが読み取れます。

来期の業績を中期経営計画や直近の決算説明資料でチェック

さて、こうなると来期（２０１6年3月期）の業績予想が気になります。投資家としては、これを検討しなければなりません。そこで、会社のホームページで中期経営計画や直近の決算説明資料をチェックします。

日本ライフラインの場合は、その時点（２０１４年10月27日）で、ＩＲライブラリーに、２０１４年３月期の決算説明資料がありました。本来であれば、最新の中間決算の説明資料が見たいところですが、タイミング的になかったのでしかたがありません。

合計52ページの資料ですが、１ページずつ全てチェックします。儲けようと思っているのですから、手間を惜しんではいけません。特に機関投資家は必ずこの資料に目を通しています。慣れてくれば、10分ほどで見ることができるようになります。

効率的に資料を見るためのポイントは、以下の点にフォーカスすることです。

- ●将来もこの会社は、高成長を続けられる可能性がありそうか？
- ●高成長の裏付けとなる「ビッグチェンジ」があるか？

つまり、なぜ会社が高成長をしているのか、なぜ今後も高成長を続けられるのかを考えながら、会社資料を丹念に見ていくのです。

日本ライフラインの資料には、「自社グループ製造製品の売上推移」というグラフにヒントがありました。ひと目で自社グループ製品比率が年々向上していることがわかります。また、47・4％、つまり約半分が自社製造製品になるという見通しを打ち出していました。

こうなると、**「もはやこの会社は卸売業ではなく、製造業ではないのか？」**という考えに至ります。卸売業は、単に他社が製造した製品を仕入れて売るだけなので、利益率は低いのですが、製造業であれば、自分で付加価値を付ける余地が格段に広がり、それに比例して利益率も格段に向上するはずです。

連想がどんどん広がっていきます。

「この会社は卸売業から製造業へ脱皮して、ビッグチェンジしようとしているのではないか」
「だから、利益の増加が顕著なのではないか」
「だとすると、今後も高成長できるのではないか」

同時に、同じ資料に中期計画のグラフがあったので見てみます。

２０１５年3月期の会社修正予想は、売上高２５７億円に対して、営業利益17億５０００万円でした。最も知りたい２０１６年3月期は、会社側の中期計画によると、売上高２９１億円に対して、営業利益を29億円としています。

これを見たときの私は興奮状態です。


「え！　ええ～っ！　営業利益が17億５０００万円から29億円になるの！　来期の利益成長率は65％増！　すげぇ～っ！！」


株価は、半年から1年先の業績を織り込みに行きますから、ストップ高した２０１４年10月27日時点では、２０１５年3月期の予想だけでなく、２０１６年3月期の業績予想も焦点となるのです。それが通期の上方修正で一気に現実味を帯びてきました。

２０１６年3月期の営業利益29億円が達成可能と考えるのであれば、たとえ株価がストップ高した後でも買い出動するという選択肢が出てきます。

日本ライフラインの場合は、その後、成長性の高さが市場参加者に周知されていきました。

図4-14 業績の上方修正で株価上昇が加速

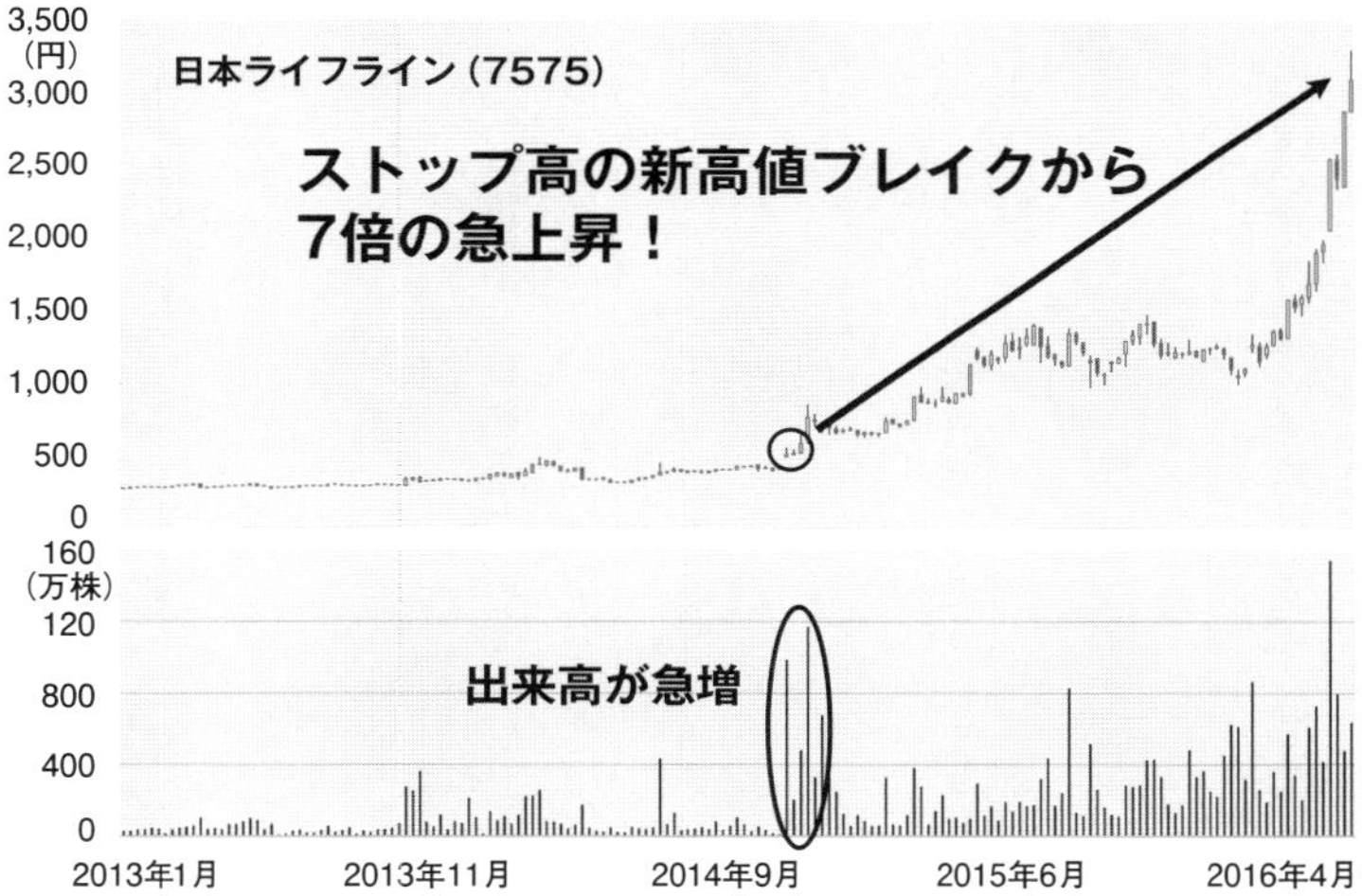

（注）2013年1月第1週〜2016年5月第1週の週足チャート。株式分割を調整した株価。

週足チャートを見ると、２０１４年10月の上方修正による新高値ブレイク以降、株価の上昇が加速していることが見てとれます（図４－14）。

成長株投資では、「持続的な高成長」ができる会社に投資します。少なくとも毎年20％以上の利益成長をする会社に投資したいものです。30％で安定的に成長する会社であれば、より好ましいです。

20％では３年後の利益は１・７倍（１・２の３乗）ですが、30％成長であれば２・２倍（１・３の３乗）になります。

株価の上昇は、利益成長に比例します。

私は、株価が最低でも50％以上上昇するような会社を投資対象としています。

実践 DUKE。式業績予想②

会社の描く中期計画に乗るか乗らないかの選択

業績予想においては、まず会社が発表したものを理解することが土台になります。ここではシュッピン（３１７９）を例に解説したいと思います。

シュッピンは、２０１５年5月18日に、中期計画を含む決算説明会資料をリリースしています。これは、機関投資家向け決算説明に使用されたものですが、個人投資家も閲覧できるように会社のホームページでリリースされました。

それに先立ち、２０１５年5月11日に、２０１５年3月期の決算短信を発表しています。

「売上高１９２億円、経常利益8億７０００万円、売上高経常利益率４・５％」

会社四季報の業績欄を確認すると、２０１５年３月期の会社予想は「売上高１７８億円、経常利益７億８０００万円、売上高経常利益率４・４％」で、四季報予想は「売上高１８０億円、経常利益８億８０００万円、売上高経常利益率４・９％」でした。

決算数値としては、会社予想を経常利益で約１億円上回りましたが、個人投資家が重視している四季報予想とほぼ同じだったので、サプライズはなし、と言ってもいいでしょう。

さて、問題は２０１６年３月期以降の予想をどうするか、です。２０１５年５月18日にリリースされた決算説明会資料には、３カ年の中期計画が示されていました。

成長株投資の肝は、この中期計画を自分なりにどう判断するかという点にあります。かなりざっくり言うと、「会社が描く中期計画に乗るか乗らないか」という選択をするということです。

示された中期計画の数値を確認してみましょう。

●**経常利益の成長率**：26・4％増（２０１６年３月期）→37・4％増（２０１７年３月期）→34・０％増（２０１８年３月期）と平均して30％増益が続く見通しです。

●**売上高経常利益率**：４・８％（２０１６年３月期）→５・６％（２０１７年３月期）→６・４％（２０１８年３月期）と着実に向上しています。この点は注目に値します。

●**売上高の成長率**：20・6％増（2016年3月期）→17・0％増（2017年3月期）→17・6％増（2018年3月期）と平均して18％成長です。

前述したように、経常利益、利益率、売上高の3つが連続で伸びている会社は最高です。株価が大幅に上昇する要素があるということです。

わからないものには投資しない

さて、次はこれらの数字が、どのくらい確実かを判断しなくてはなりません。それには、この中期計画の資料を読むしかありません。

合計31ページですが、大切な資金を投じるか否かの判断をするわけですから、この程度の手間を惜しんではいけません。不慣れなうちは1ページ1分として30分です。慣れてくれば5～10分ほどでしょう。宝物を探すような気持ちで、わくわく感を持って読めるようになれば最高です。

私はこのような高成長の会社を見つけたときに、いつもわくわくしながら会社資料を読んでいます。資料を読むことで、会社のビジネスモデル、商品の売上構成、決算のハイライト、経費の動向、四半期ごとのトレンド、将来への課題や取り組み、施策がわかります。

中期計画の資料にまで目を通して、ビジネスの内容を理解できないような会社には、投資しないほうがいいでしょう。内容を理解できなければ、将来を予想することも、決算の実績を理解することもできないからです。

わからないものには投資しない。これが株式に投資する際の鉄則です。

さて、**資料を読む際のポイントは、「経常利益、利益率、売上高の3点が、なぜ高成長を続けられるのか」を突き止めることです。**

シュッピンの場合、売上高については、この資料の市場規模と潜在顧客のデータから判断できました。追い風を受けているインバウンド消費を加味している前提であることもわかりました。逆に言うと、インバウンド消費が減退する局面では、業績下方修正の恐れがあることも理解できます。実際、２０１６年2月に下方修正が発表されました。また過去の決算で、過去の中期計画が示す成長を実際に達成できたのかも、判断のポイントとなります。

利益率も、この資料で判断できます。実店舗を持たずに、ネット上での売上を伸ばすことに注力し、固定費を抑えることで販売管理費率を下げ、利益率を向上させる方針が示されていました。また、過去の決算で、利益率が年々実際に向上してきたかどうかも、判断のポイントとなります。

最後に経常利益も同様に判断をします。売上が増え、経費が売上ほど増えなければ、経常利益は増加します。これもこの資料を読み込むことによって、総合的に判断できます。

資料を読んで疑問があれば、会社のＩＲへ電話して聞いてください。株主でなくても、「投資を検討しているので教えてもらえますか」と言えば、たいていの場合、こころよく教えてくれます。ついでに、業界の需要はどうかなど、なんでも聞いてください。

「なぜ、経常利益、利益率、売上高の３点とも高成長するのか」といったダイレクトな質問をしても大丈夫です。

四半期ごとに、資料を読んでもわからないことを、会社に質問して解消する。これが大化けする成長株を見つけ出し、長期にわたって保有し続けることができる秘訣です。

また、中期計画を発表しない会社も多数あります。その場合は、会社四季報の独自予想を参考にするといいでしょう。

今期の予想は、会社から発表されたものがあります。しかし、来期予想はどこにもありません。中小型株に分類される成長株は、アナリストがフォローすることも少ないため、個人投資家が圧倒的に見ている会社四季報の独自予想が大きな影響力を持っているのです。

買うべきは第2ステージにいる会社の株

ビックチェンジ銘柄を探すときには、企業業績をチェックするとともに、株価のサイクルにも注目しておく必要があります。

基本的に株価は、企業業績が良くなると上がり、業績が悪化すると下がります。その動向は全体を通じて4つのステージに分けることができます（図4－15）。これは米国の著名な投資家マーク・ミネルヴィニの著書で紹介されていますが、非常に重要な考え方なので、ここで触れておきたいと思います。

第1ステージ　株価低迷から底堅めに入る局面

大半の投資家は、この銘柄に無関心なので、ここではどれほど魅力のある株式でも、買いは避けるべきです。いずれ第2ステージへと移行し、株価は上昇へと転じる可能性はありますが、第1ステージでは、もう少し下げるか、ほとんど底ばいの状態が続きます。この時点で買いに入っても、なかなか利益に転じないので、投資しているだけ時間の無駄になります。

したがって、株価が徐々に動き出す第2ステージまで待つ辛抱強さが大事です。株式投資で効率よく儲けるためには、大きく値上がりする直前のタイミングを狙うべきなのです。

第2ステージ　機関投資家の買い集めによる強力な上昇局面

上昇は、いつ、どのように始まるかはわかりません。予告がほとんどなく始まることもありますが、好決算の発表やビッグチェンジの材料がポジティブサプライズとなって始まることもあります。

日足や週足のチャートを見ると、上昇局面では長大陽線が出現し、出来高も非常に大きくなります。それとは対照的に、調整するときは陰線が出現し、出来高が減ります。これは、機関投資家による買い集めの兆候と考えていいでしょう。

そして、高値と安値を階段状に切り上げる動きを見せ、株価が上昇トレンドに入ったことが、誰の目にもはっきりと見て取れます。ほとんどの急成長株は、第2ステージで最大の上昇をします。業績の上方修正などのポジティブサプライズが繰り返し発生するのです。

図4-15 利益と株価の４つのステージ

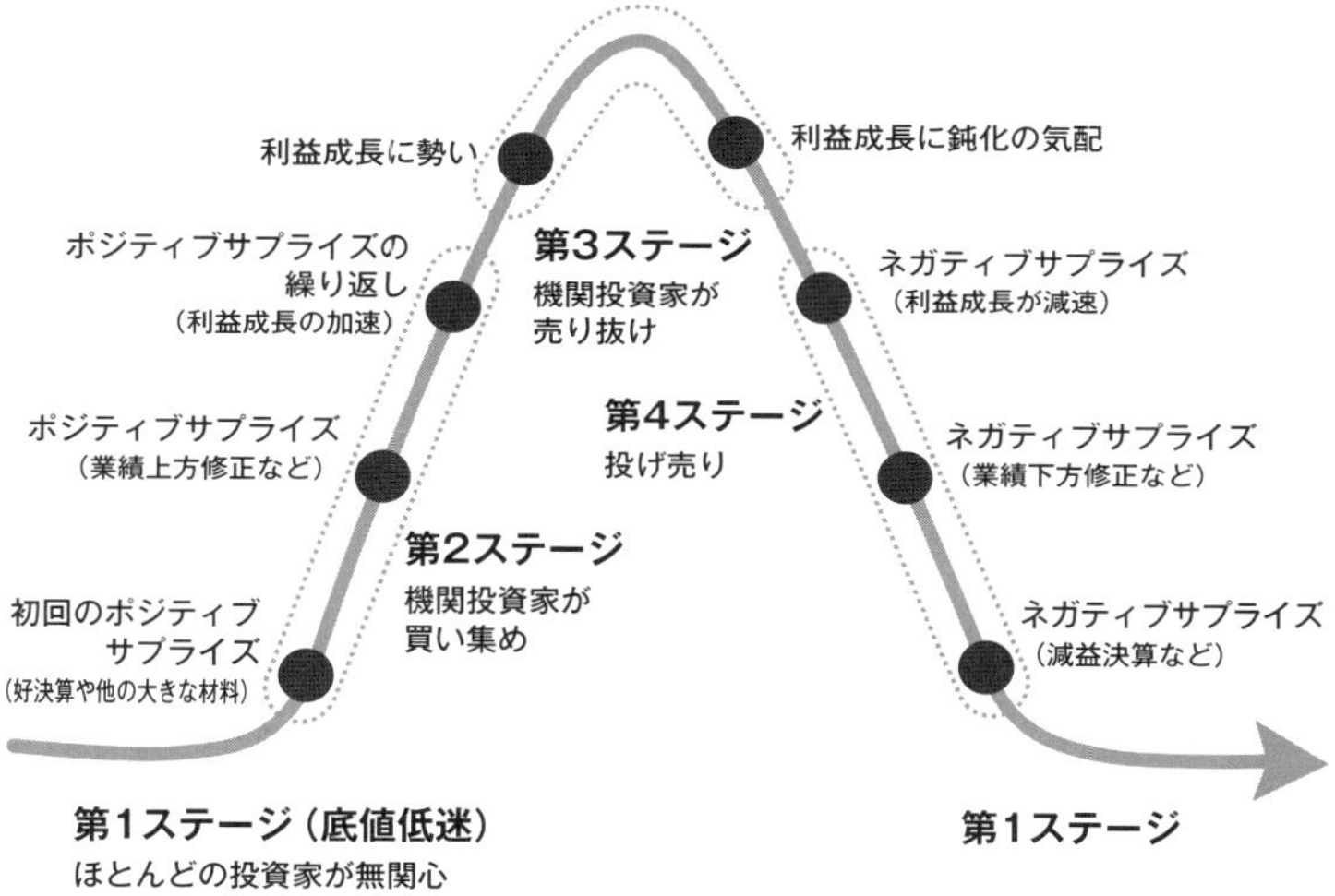

結論としては、第2ステージで投資して株価の上昇トレンドに乗ることができれば、最も効率的にリターンを稼げます。

第3ステージ　機関投資家の売り抜けが見られる天井圏

会社の利益成長に勢いはあるものの、成長率が鈍化する気配が決算に表れてきます。例えば前期決算では経常利益が30%の伸びだったのに、今四半期は25%にとどまるといった感じです。

この時点で、すでに機関投資家による大規模な買い集めは期待できません。市場を支配しているのは、明確な根拠を持って投資してくる強い買い手から、新聞記事などの大見出しで情報を得て投資する弱い買い手に変わっています。早いうちに買った賢い投資家は、株価が強い最後の兆候が現れたところで売り抜け、利益を確定しています。

機関投資家の利益確定売りによって、株価は天井圏のパターンを示します。ボラティリティー、つまり株価の値動きが著しく高まります。全体的に株価は上昇しており、第2ステージと似たパターンにも見えるのですが、第2ステージと比較すると、明らかに不安定な値動きを見せるようになるのです。

特に株価が下落するときは、出来高を伴って大きく下落します。そのときの下げは、第2ステージの上昇が始まって以来、1日で最大の下落になることもあります。週足チャートでも、第2ステージの上昇開始以来、最も大きな下げになるかもしれません。また長期の株価動向を示す200日移動平均線は、上方への勢いを失って横向きになり、やがて下降トレンドへと転換していきます。

第4ステージ　投げ売りによる強烈な下落局面

利益成長の鈍化懸念が現実のものとなり、減速、業績の下方修正が表面化します。その後もネガティブサプライズが繰り返し発表されます。

この局面における売りは、それこそ売りが枯れて、市場の関心がなくなるまで長期に及ぶ可能性があります。そして、その株式が市場で完全に無視される状況にまで来たところで、再び第１ステージへと戻っていきます。

第４ステージにおける株価と出来高の特徴は、第２ステージのそれとは逆で、株価が下げる日には出来高が増え、上げる日には出来高が減ります。

ＰＥＲで見て割安と思われる水準まで下がり、値ごろ感から妙味があると思っても、ここでは絶対に買ってはいけません。株価はさらにもう一段、下げる恐れがあるからです。

これら４つのステージは、現在の株価がどのステージにあるのかを、会社の利益サイクルと照らし合わせて判断するうえで役に立ちます。そして株価は、このサイクルを何回も繰り返すのが普通です。

あなたが買うべきは、第２ステージにいる、利益成長が著しく、上方修正を繰り返し行う会社の株式です。

それ以外のステージにいる株式を買ってはいけません。

自分の頭で数字を判断しよう！

会社の将来の姿は経営者の器で決まる

繰り返しになりますが、投資家が考えるべきことは、利益はどれだけあるのか（収益性）、それはいつまで続くのか（持続性）、そして、それはどれほど確かなのか（確実性）の３つです。これらが、株価に最も影響を及ぼす要素なのです。

それらを把握するためには、投資先となる会社のビジネスを理解する必要があります。そのためには、もし、その会社の株式をすでに保有しているのであれば、株主総会に参加してみるといいでしょう。

余談ですが、最近は、お土産を頂ける会社も増えてきました。お土産目当てに総会に出席してもいいのです。そして社長に直に質問して、反応、表情、回答を見てみましょう。

ちなみに私がいままで出た株主総会で一番お得感があったのは、バンダイナムコＨＤ（７８

32）です。毎年、東京のホテルで行われるのですが、子ども相手の商売なので、赤ちゃん連れ・お子さん連れの株主にも優しい総会になっていました。2015年6月に開催された株主総会のお土産は以下の通りです。

●浅草花やしき1日フリーパス引換券（2名分：入園＋乗り物乗り放題）
●ガンプラ（初代ガンダムのプラモデル）
●太鼓の達人の色鉛筆セットとお絵かき帳

合計8000円相当でしょうか。株式投資はこんな楽しみもあるので、うれしくなります。

株主でなければ、個人投資家向け会社説明会に出席するのもいいでしょう。特に、時価総額の小さい会社ほど、経営者の人間性を見ることが重要です。会社の成長、会社の将来の姿は、その経営者の器で決まるからです。

また、次に取り上げたのは、インターネットTVなど、映像などで経営者の顔を見ることができるものです。一度、ご覧になることをお勧めします。

●**ブリッジサロン**（http://www.bridge-salon.jp）
●**ストックボイス**（http://www.stockvoice.jp/modules/irnews）
●**IR Times**（http://www.irtimes.com）
●**日興アイ・アール**（http://www.nikkoir.co.jp）
●**大和インベスター・リレーションズ**（https://www.daiwair.co.jp/e-cast.cgi）

自分の売買サインが出たら素早く行動を起こす

このようなことを何度か繰り返していくと、だんだんと自分なりに、「この会社予想は保守的ではないだろうか？」「もうちょっと実際は上振れするのではないだろうか？」などと考察できるようになってきます。

このレベルまで来れば、投資家として階段を1つのぼったことになります。かなり効率的に、決算関係の資料を読めるようになっているはずです。

「プロのアナリストが予想したって当たらないのだから、自分の予想など当たるはずがない」という意見があるのは承知しています。

しかし、**「自分の頭で数字を判断できる」ことが極めて大事なのです。**

なぜなら、市場参加者はみんな、数字を見て売買しているからです。数字が判断できなければ、羅針盤の壊れた船のようなものです。

株価はファンダメンタルに連動します。したがって、その業績を判断できなければ、投資の核となるものがないままに取引し、ポジションを持つことになるため、ちょっとしたマーケットの値動きで右往左往し、売らなくてもいい銘柄を売却してしまったり、買わなくてもいいタイミングで買ってしまったりするのです。

数字が判断できなければ、発表された決算が良いのか悪いのか、それとも期待通りでサプライズのないものなのか、が判断できないのです。どっちを向いて走るべきかもわからず、迷子になる可能性が高いのです。

ウィリアム・オニールは言っています。

「株式市場には、素早い投資家と敗者の二種類しか存在しない」

成長株投資家にとって、これは肝に銘じておくべき言葉です。株式投資は、自分の売買サインが出たら素早く行動を起こす。これが他人よりも一歩先んじることにつながります。儲けをより多くし、損失から自分を守ってくれるのです。

また、これは不思議なことなのですが、自分で数字が判断できるようになってくると、他人には見えないものが見えるときがあるのです。他の投資家が見逃しているもの、まだ気づいていないものに気付くことができるようになってきます。

「この会社が発表した内容は、どう考えても、ものすごい将来性がある。しかし、株価はなぜかあまり反応していない。ひょっとしてみんな、まだ気づいていないのだろうか。だとしたら絶好の投資チャンス！」

そういう場面に遭遇するチャンスが本当に出てくるのです。そのときこそが、まさに大化け株をつかむチャンスなのです。

第5章
CHAPTER 05

私の買い方、売り方を教えます

——新高値ブレイク投資術の実践②

買いは5分割で試し玉から

あなたを救うポジションサイズ・マネジメント

これからお話しすることは、この本のなかで最も重要なところです。

どのようにして買いのポジションを取り、ポジションサイズをマネジメントするかについて、考えてみましょう。ポジションサイズとは、株式に投資している資金の大きさのことです。

第1章で説明したように、私がライブドアショックからリーマンショックまでの3年間、大損を経験しながらも何とか生き残って来られたのは、この調整ができたからです。これができなかったら、恐らく再起不能で退場していたと思います。

ポジションサイズ・マネジメントは、あなたを守る命綱です。 株式市場では、まずは生き残るのが先。儲けるのはその後なのです。

では、具体的に私がどのようなポジションサイズ・マネジメントを行っているのかを説明していきましょう。

投資対象となる銘柄数は、最大で5銘柄です（図５－１①）。常にベストの布陣で固めることを意識します。

1銘柄への投資上限額は、総資金の5分の1を上限とします（図５－１②）。

例えば、株式投資の総資金が５００万円であれば、最大１００万円が１銘柄あたりの投資上限額となります。自信があるからといって、１銘柄に全資金や半分の資金をつぎ込むのは厳禁です。

また、総資金が１００万円など、もっと小さい場合は５銘柄では多いので、２もしくは３銘柄で均等に分けてください。

次に、**エントリーは5分割ルールに従います**（図５－１③）。５分割ルールとは、１銘柄あたりの投資上限額の５分の１を、最初のエントリーで投入することです。総資金が５００万円で、１銘柄あたりの投資上限額が１００万円だとすると、エントリーはその５分の１ですから、20万円を投入するのです。これが試し玉になります。

試し玉とは、このエントリーが正しいのかどうか、様子を見るために買うことです。魚釣りも、実際に釣り糸を垂らしてみないとわからないことがあります。それと同じで、とりあえず

図5-1 5分の1ルール

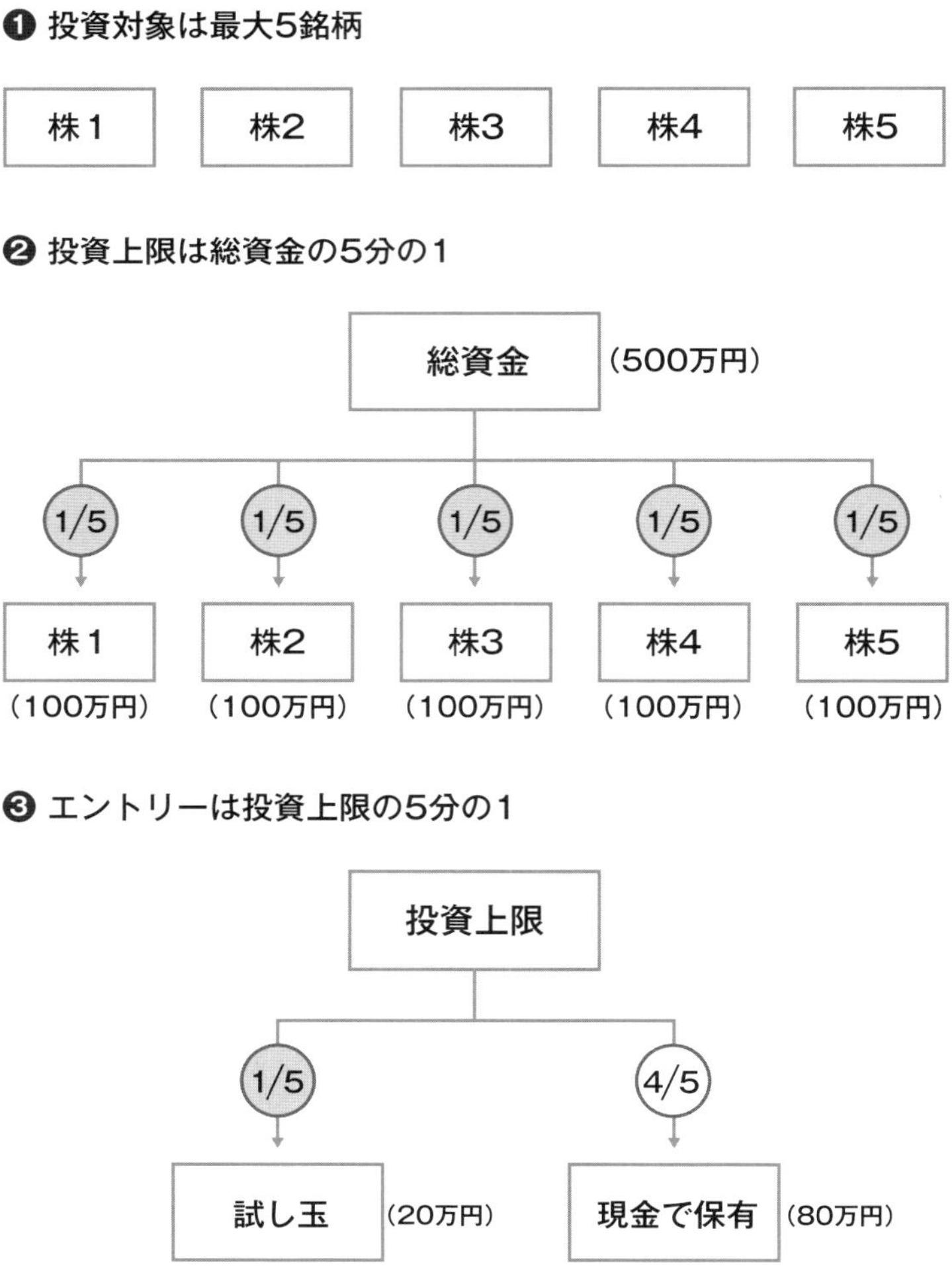

(注)(　)の数字は総資金が500万円のケース。

少額資金を投入し、自分の取った行動が正しいかどうかを見るために、試し玉を投入するのです。試し玉が、含み益にならない限り、追加買いをしてはいけません。

この手法をとると、1回目のエントリーでとるリスクは総資金の4％（＝20万円÷500万円）です。そして、私の場合、10％の損失が生じたところを、絶対に譲れない損切りラインにしているので、最悪、損切りに追い込まれたとしても、2万円の損失額で済みます。2万円は総資金の0・4％です。判断を間違えたとしても、即撤退すれば、かすり傷程度ですむので、再起は十分に可能です。態勢を整えて、次の売買に臨みましょう。

勝っているときも負けているときも常に5分の1

とはいえ、幾度となく損失を被った結果、総資金が500万円から400万円に減ってしまったとしましょう。手元にある現金は400万円です。

この場合も、1銘柄への投資上限額を、いま持っている資金の5分の1にします。400万円の5分の1ですから、80万円です。つまり、**負けが込んでいるときほど、1銘柄あたりの投資上限額が小さくなっていきます。ここがとても重要です。**

1銘柄の投資上限額が80万円でも、やはり5分割で買っていきますから、1回あたりの投資金額は16万円になります。そして、10％の損切りラインに引っ掛かった場合の損失額は、1万6000円になり、徐々に損切りの額が減っていきます。

ポジションサイズをマネジメントすれば、あなたを大きな損失から守ってくれます。そもそも負けが続くのは、何かしら売買に問題がある、つまり誤りを犯している可能性が高いということなのですが、その場合でも、負ければ負けるほど1回あたりの損失額が減っていく仕組みなので、退場リスクが大幅に減少します。

逆に、投資が成功して、総資金の500万円が600万円に増えたとしましょう。この場合も、1銘柄への投資上限額は総資金の5分の1、つまり120万円を上限とします。勝っているときほど、ポジションサイズが大きくなります。

エントリーするときも、5分割ルールを用いるので、1回あたりの投資金額は120万円の5分の1で、24万円になります。

儲かっているときほど投資金額を大きくするのは、正しいことを行っている可能性が高いからです。投資における間違いは損という形で表れますが、一方、儲かっているときは正しい側で売買できていると考えます。したがって、正しい行動を取り、それに合った成果が得られているときには、ポジションサイズを大きくし、利益の拡大を目指します。

5分割には意味がある

5分割ルールには明確な根拠があります。例えば、次のようなルールのゲームに参加したとしましょう。これはラルフ・ビンスが行った実験を参考にしたものです。

●おみくじの箱に当たりが6本、はずれが4本入っている。
●当たりが出れば掛け金は2倍、はずれが出たら掛け金は没収。
●元手は1万円で、100回おみくじを引ける。
●1回ごとの掛け金は、ゲーム参加者が毎回自由に決めることができる。

そして、100回引いた後の手持ち金額が最も多かった参加者が勝者です。

この場合、当たりが出る確率は60％ですから、期待値は正になります。つまり、繰り返すほど儲かるゲームのはずです。

しかし、実際にゲームに参加した40人のうち、95％の人が、損失や破産で終わりました。期待値が正である以上、絶対に儲かるゲームのはずですが、1回あたりの掛け金の額を間違えると、損失で終わってしまうという教訓です。

このゲームで、損失を被ったり破産したりせず、生き残るためにはどういうお金の掛け方がいいのでしょうか。それが、「最新の手持ち資金残高の20％を掛ける」という5分割ルールを用いることなのです。

私も実際に検証してみました。結論としては、このルールを守りさえすれば、たとえ初回から4連敗を喫したとしても、破産することはありませんし、かつ、最終的に総資金を7倍以上に殖やすことができます。かなり優位性の高い手法なのです。

●勝っているときにはポジションサイズを増やし、負けているときには減らす。
●買いは5分割で試し玉から。

このルールを何度も復唱して下さい。そうすれば破産することなく、株式投資を続けることができます。続けることさえできれば、少しずつ経験値が上がり、勝てる投資家になれるはずです。

エントリーで成功する7つのルール

ルール①　原則として新高値更新日の翌営業日、寄付成行で発注して買付

ザラ場を見られる場合は、新高値更新日（高値を終値で確実に更新できること）当日の大引け間際で買い付けてもいいでしょう。ただし、高値を終値で更新できるのが確実と思われるときのみです。

ルール②　初回のエントリーは投資上限額の5分の1の金額で試し玉を入れる

試し玉を入れるのは、それが正しい行動かどうかを、高値更新という、市場の実際の動きによって裏付けられるのを確かめるためです。いくらあなたが絶対に上がると思っても、実際にどうなるのかはわかりません。他の投資家が、あなたと同じように後から買ってくれない限り、株価は上がらないのです。

予想したほどに株価が反応しない場合も多々あります。マーケットは決して誤りませんが、個人の見解はしばしば誤ります。勝率は50％以下であることを肝に銘じて、最初から全予算を投じて、資金を大きく減らすようなリスクをとってはいけません。儲けることよりも、損失を限定することをより重視してください。

ルール③　含み益が出た段階で5分の1ずつをトレンドに乗って買い増す

購入単価は常に前回よりも高くなければなりません。このルールに従うことで、正しい側で売買できる可能性が高まります。

ルール④　最初のポジションで含み損が出ている場合は買い増しをしない

つまり、ナンピンは絶対にダメだということです。なぜなら、あなたが間違っている可能性が高いからです。

ルール⑤　1回あたりの買付金額を変えない

株価が上昇していく局面で、1回あたりの買付金額を同額にして買い増しを続けると、買付株数は徐々に減っていきます。この手の買い方をピラミッディングと言います。株価水準が上にいって過熱感が出てきても、買い付ける株数が減っていくため、反落しても、大きな損失を被るリスクを抑えることができます。

ルール⑥　タイミングを失したときは次のブレイクポイントを待つ

株価が思ったよりも急激に上昇し、買うタイミングを失した場合は、次のブレイクポイントを待ちます。ただ過熱感がある場合は、予定の資金を投入しないという選択肢もあります。必ずしも、全ての予算分を使い切らなければならないわけではありません。

ルール⑦　一度損切りしても再度ブレイクしたらルールに従って買う

結果的に、前回よりも高値でエントリーすることになる場合もありますが、何度でも粛々とトライします。現実には、1回でも振るい落とされると、この株とは相性が悪いなどと思い、嫌になってしまったり、自分の判断に自信を失ったりしますが、毎回のブレイクポイントを新しい機会としてとらえ、冷静に判断することを心掛けてください。

1勝4敗でも勝てる損切りのルール

損失10％でいさぎよく撤退

投資で勝つためには、ポジションサイズ・マネジメントと同様、損切りも重要です。

そして、損切りの要諦は、**「損失が10％を超えないことを絶対に譲れない一線にする」**ことに尽きます。

1勝4敗でも儲かるというのは、私の場合、同じ投資金額で5銘柄、しかも50％以上値上がりする銘柄を狙って投資していますから、1勝すれば50％以上のリターンを稼ぎます。しかし、いつも勝てるわけではなく、見込み違いや間違いを犯すこともあります。そのときは、潔く撤退して損切りしなくてはなりません。損切り率を最大マイナス10％に設定すると、4銘柄負けてもマイナス40％です。

つまり、5銘柄に投資して4銘柄を損切り、利益を得られたのが1銘柄だけだったとしても、トータルで10％のリターンが得られるという寸法です。実際に、私の場合、勝率は30％程度ともっと高く、損切りが10％になる前に見切ることもあるので、これはかなり保守的な数値です。いずれにせよ、損失をできるだけ最小限に抑えて、利益を伸ばす。「損小利大」の考え方です。損切りラインに達した銘柄は、親切に「あなたの判断は間違っていますよ」と警告を送ってくれているのですから、即座に機械的に損切りしましょう。ここで迷ってはいけません。

第1章で、私の大失敗事例として取り上げたパワーアップの事例では、結果的にマイナス33％の損切りで撤退し、1000万円の損失を被りました。もし、これがマイナス10％の損切りで損失を限定できたとしたら、損失は300万円ですみました。その差、なんと700万円です。

あなたが過去に被った損失を振り返ってみてください。損切りがきちんとでき、損失を初期に止血できれば、大損害にはならなかったはずです。

まず、可能な限りリスクを低減する。そして、初期の少額の損失を受け入れることで、大きな損失から身を守るのです。損切りをせずに、含み損を抱えたまま放置するようでは、遅かれ早かれ市場から退場を余儀なくされます。それは断言できます。

そもそも買値から10％も下げた時点で、その買いは、タイミングか銘柄選択がおかしいという合図だととらえたほうがいいでしょう。また、株価がたとえ下げなくても、想定通りの動きにならなかったら、いったん手仕舞って、評価し直す十分な理由になります。

買った銘柄が買値以下に下がってしまうことは、50%以上の確率で起きます。私たちは神様ではないのですから、間違えて当然です。大切なことは、間違えたという事実を受け入れて、自分の行動を変えることです。

また私は毎年、過去の売買を振り返っているのですが、ある年、手仕舞って損益を実現させた銘柄の一覧を見て、あることに気づきました。それは、大きく儲かった銘柄がある一方で、同じくらい大きく損をしている銘柄もあるということです。もし、この大損した銘柄について、10%の損切りを実施していたら、パフォーマンスは変化したでしょうか。

答えは明白です。劇的に向上しました。

大きな損失を出した銘柄とは、結局、大きな下げトレンドを形成しているので、そういう銘柄を握りしめていても、貧乏神と一緒に生活しているようなものです。10%の損失に達したら、一刻も早く損切りしましょう。

「損切りした後、ひょっとしたらまた上がるかも」などと考えてはいけません。確率的には、圧倒的に損失を拡大させるリスクのほうが高いからです。もし、意に反して再び上にブレイク

表5-1 損切り率は10%が限界ライン

損切り率	元金に戻すのに必要な利益率
5%	5%
10%	**11%**
15%	18%
20%	25%
25%	33%
30%	43%
35%	54%
40%	67%
50%	100%

してくるようであれば、また買い直せばいいのです。

50%失ったら100%のリターンが必要になる

　ところで、「損切りラインは10％」という数字に、テクニカル上の優位性はまったくありません。ただ、表５－１のように、「○○％損したら、それを取り戻すのに○○％の利益が必要になると考えると、やはり損切りラインは10％と考えざるを得ないのです。

　この表は一定の率で損切りを行った後、何％の利益を得ることで損益を相殺できるのかを表しています。もう、カンのいい読者の方は、おわかりいただけているかと思います。つまり、投資元本の50％を失ったところで損切りをした場合、その損失を取り戻すためには、１００％のリターンが必要になるのです。

パワーアップの事例のように、損切りで33％を失ってしまうと、元金まで戻すためには、50％のリターンを必要とします。これがいかに難易度の高いことなのかは、おわかりいただけると思います。

それこそ50％を失ったら、１００％のリターンが必要になりますから、元本を回復させるまでに、何年かかるかわからない事態に陥ります。したがって、10％の損切りは、絶対に譲れない一線なのです。

ボックス理論で損を減らす７つのルール

10％ルールに基づいた損切りができるようになった中級者ならば、テクニカル上、優位になる損切りポイントを見つけ、そこで損切りをするという方法もあります。

この方法だと、10％まで損失が拡大するのを待つ必要はありません。買ってみて、想定通りの値動きをせず、元のボックスに戻ってくるようであれば、たとえ５％でも損切りします。

ただ、このときでも10％の限界ラインは死守してください。そうすることでよりパフォーマンスを向上させられます。

以下は、私が実際に用いている損切り（手仕舞い）ルールです。参考にしてください。

ルール①　元のボックスに戻ったら売却

株価が上方ブレイクして１回目の買いを行った後、元のボックスに戻ってきたら、いったん売却して仕切り直します。なぜなら、本当に強い株式であれば、戻ってこないはずだからです。そこでいったん手仕舞えば、冷静な頭で状況を評価できます。

ルール② 10％下がったら売却

株価が上方ブレイクして1回目の買いを行った後、買値より10％下がったら、いったん売却して仕切り直します。これは、タイミングか銘柄選択がおかしいという合図だと受け止めてください。

ルール③ 20％上昇したら損切りラインを引き上げる

株価が上方ブレイクして1回目の買いを行った後、買値から20％上昇したら、損切りラインを取得価格に引き上げます。株価が20％も上昇したのに、損失で終わらせるようなことはあってはなりません。

ルール④ ボックスの下限を一定期間うろうろしていたら売却

株価が上方ブレイクして1回目の買いを行った後も、取得価格付近のボックスの下限をうろうろしていて、日経平均株価よりも明らかに弱い値動きを続けているなら、最長1カ月を目途にしていったん売却します。

ルール⑤　日経平均より弱い動きのときは売却

日経平均よりも弱い動きを継続的に見せているならば、いったん売って仕切り直すのは、いつでも有効です。圧倒的な強さを見せる銘柄ではない可能性が高いでしょう。

ルール⑥　間違えたと感じたら反対売買

傷が浅いうちに対処します。放置は厳禁です。

ルール⑦　相場全体の危険シグナルが点灯したときはポジションを落とす

この危険シグナルについては、第６章の「ディストリビューション日」を参考にしてください。

売り場は株価が教えてくれる

利益を確定させるまでは油断禁物

さて、ここからは利益確定の方法です。

株式投資は売って初めて利益が確定します。含み益をいくら抱えていたとしても、それは実のところ幻のようなもので、突如、相場全体の崩壊に巻き込まれたり、突然会社固有の不祥事が出たりして、一瞬のうちに含み益がゼロになってしまうケースもあります。

したがって、買った株式を売却し、利益を確定させるまでは、油断禁物です。

「何事も起こり得る。確実なことは何もない」というメンタルで、含み益が乗っているときも気を引き締めて下さい。

基本的に株価はファンダメンタルに先行します。第3章の田淵電機の事例を思い出してください。業績の悪化が決算によって明らかになる半年以上前から、株価は急落し、危険サインを出していました。

内閣府が発表する景気動向指数の先行指数に、東証株価指数（ＴＯＰＩＸ）が採用されているのは、そのような理由からなのです。株価が景気の先行指標だと政府も認めているのです。

したがって決算発表によって、業績の悪化がわかった頃に売却したのでは遅いのです。田淵電機の例だと、四半期業績が前年比マイナスに転じたことが発表されたのは、株価が急落してから10カ月も後です。その頃、すでに株価は高値から半値程度まで下落していました。

利益確定はテクニカル優先

では、どうしたらいいのでしょうか？

その答えは、株価を見るのです。将来の業績、好材料、悪材料の全てを、株価は先行して織り込んでいきます。この考え方をベースにして、ボックス理論と組み合わせるのです。

株価が上のボックスから下抜ける動きを見せたときは、何か自分の知らない悪材料を織り込み始めたと考え、売却しなければなりません。

利益確定は、テクニカル優先で行うのです。

株価が正しく動いている限りは、利益確定を焦ってはいけません。もし間違っていれば、まったく利益が出ないはずですから、正しい動きが続いている限り、あなた自身の判断に自信を持っていい状態です。そのまま株価の大波に乗り続けてください。

本当に大きく儲かるときとは、そのような大波に辛抱して乗り続けたときなのです。その株が、不穏な動きを見せない限り、信念に従ってトレンドに乗り続けましょう。

株価が上のボックスへ移動したときは、トレーリングストップ（利益確定の売り）を上げてください。上のボックスに行った後は、直前にいた下のボックスの上限値が、原則、トレーリングストップの価格になります。

しかし、十分に利益が乗っている株式を、何かの拍子にノイズ（全体相場の調整など）に巻き込まれて売却してしまうことは、できるだけ避けたいので、直近1カ月程度の株価のブレを参考にしながら、十分余裕を持った位置にトレーリングストップを置くといいでしょう。

株式を買った後は、株価の動きをよく観察してください。

最大5銘柄の集中投資です。チャートが発する声を聴くことに注力してください。

ボックス理論で利益を確定するルール

以下は、私が使用している利益確定売りのルールです。

通常時のルール　**終値ベースでボックス割れしたときは原則全て売却**

十分に利益が乗っていて、迷ったときは、とりあえず3分の1か半分程度を売って、株価の動向をしばらく観察します。チャートには当然ダマシもあります。

急騰時のルール　**高値圏で三空が出現し、出来高が増大したら売却**

原則として、窓を3つ開けて寄り付いた日に手仕舞いましょう。また、急騰後の天井圏で超大陰線が出たら、その日のうちに売り。長い上髭も同じく売りです。その日中に売れない場合は、翌営業日に売却しましょう。

急騰時に迷ったとき、つまり、急上昇し過ぎてボックスの形成が読めないときは、とりあえず部分的に売って利益を確定してもかまいません。

悪材料が出たらすぐに売却

まれに、買った理由（ビッグチェンジ）が大きく阻害されるような材料が、ニュースなどで出ることがあります。田淵電機の場合の「再生可能エネルギーの買い取り中断報道」が、まさにこれに該当します。

このような場合は、テクニカル上のボックス下割れを確認するまで待つ必要はなく、他の投資家よりも先に売却する機敏さが重要になります。

株式を買うときには、必ず買った理由であるビッグチェンジをきちんと書き出しておき、その前提に異常が生じた場合は、とにかく手仕舞うことです。

成長株投資で最悪なのは、大きな悪材料が出たときに、様子を見るという行動です。この点は肝に銘じてください。様子を見るのは、売却した後なのです。

田淵電機の場合は、たった1カ月で株価は半値まで下がりました。前述したように、いったん売却して、実は問題がないようであれば、また買い戻せばいいのです。

このように、売り時は株式が決めると言っても過言ではないでしょう。

したがって、結果的に長期投資になったり、短期投資になったりします。始めから、「よ～し、1年は保有するぞ」などと、投資期間を自分で決めているわけではないのです。保有期間を決めるのは、あなたではなく、株式なのです。

したがって、私も、大塚家具のように1週間で利食うこともあれば、シュッピンのように2年半で利食うこともあるのです。

第6章
CHAPTER 06

どんな相場でも勝つ投資、負けない投資

ポイント1 まずは全体の流れを把握する

株式投資をするうえで最も大事なことは、全体の流れを見ることです。どれだけ良い会社の株式でも、株式市場全体が下げトレンドにあるときだと、市場全体の売りに押されてしまい、株価が上昇するには厳しい環境になります。

２０１２年11月から２０１５年６月までの国内株式市場は、まさに順風満帆。こういうときは比較的簡単に誰でも儲けることができます。

でも、２０１６年に入ってからの株式市場は、年初からいきなり６営業日連続安になったり、日本銀行がマイナス金利の導入を発表した後、２月に入って急落したりしたことからも、恐らく何となく誰もが察し始めていると思うのですが、非常に難しい相場になってきました。いまは、慎重に慎重を重ねて、マーケットと対峙する時期だと考えています。

私は、株式投資のことを、よく航海にたとえます。航海に出る前は、当然のことですが、事前に海流や天候、風向きなどの外部環境を調べます。

船を目的地に到着させるのに、エンジンや機器が問題なく機能することは必須です。そのうえで、海流の流れに沿い、かつ追い風を受けて航行できれば、目的地まであっと言う間に到着します。

逆に波が高く、向かい風の大しけで、かつ海流の流れに逆らって航行しようとしたら、いくら優秀な船でもなかなか進まないでしょう。場合によってはエンジンが故障したり、漂流状態に陥ったり、座礁したりする危険性も高まります。

株式投資もこれと同じことが言えるのです。

全体相場が上昇トレンドを描いている間は、追い風を受けて、気持ちよく儲けられる環境下にあります。しかし、いったん全体相場が下降トレンドに入ると、高波や突風を受けて、儲けづらい環境になるのです。

これらを踏まえながら、全体の資金計画を含めた戦略が大事になることは、言うまでもありません。基本的に、全体相場が下降トレンド入りしたら、投資する資金量を絞るのが賢明です。２０１５年８月以降、いわゆるチャイナショックを発端として、株式市場は下降トレンドに入りましたので、資金量は絞り込むべきでしょう。

ポイント2

先導株の値動きを見る

先導株とは、その時々の相場の上昇を牽引する代表的な銘柄のことです。

ITバブルのときのソフトバンクやヤフーが、その典型的な事例です。相場を強力に引っ張るセクター（業種）のなかでも圧倒的な競争力を持ち、増益率が非常に高く、業界内のシェアも高いというように、すべての面で突出しています。

そういう会社なので、株価も機関投資家の大口資金を集めて急上昇しており、新高値銘柄に何度も顔を出すので、案外見つけやすい傾向があります。2012年11月から始まったアベノミクス相場で言うと、次のような銘柄が挙げられます。

- 人手不足：テンプHD（2181）、ディップ（2379）
- 円安・輸出：富士重工業（7270）

●インバウンド：日本空港ビルデング（9706）、オリエンタルランド（4661）
●インフレ・食品値上げ：明治HD（2269）

先導株の値動きの特徴は、相場の上昇初期に、最初に新高値に到達し、上昇率が非常に高いことなどが挙げられます。弱気相場や、上昇途中における通常の調整局面からも、株価がいち早く上放れる傾向が見られます。

相場が下げている間も、新高値銘柄をチェックしておくことが大切です。相場の下落局面では、新高値を更新する銘柄数がそもそも少ないので、簡単にチェックできるはずです。そうすれば、次の強気相場に入ったとき、利益の大半を上昇相場の早い段階で、確保できます。利益の多くは上昇相場の初期に得られるものなので、大切なポイントです。

また、先導株は上昇相場だけでなく、下落相場をも先導します。強気相場が長く続いた後、先導株の株価はすでに大きく上昇しており、その波に乗った賢い投資家たちは、市場の変化を先取りし、会社の成長に減速の兆候が見えた時点で、素早く逃げ出します。

そのため、相場の流れをリードしてきたセクターの先導株が長く上昇を続けた後、その勢いが衰え始めると危険信号が点灯します。こうなったら要警戒です。

例えば、インバウンド消費関連の先導株と目されてきたオリエンタルランド、日本空港ビルデングは、2015年3月、4月に天井をつけましたが、その動きは、同年7月以降のインバウンド銘柄グループの低迷を示唆していました。

急上昇局面が終わると、多くの先導株は、利食い売りでかなり激しく下落します。

急成長株は、それまでの上昇幅のほとんど全てを失う恐れがあることを、肝に銘じておきましょう。

実際、2000年3月のITバブル崩壊で、ヤフー、ソフトバンクといった先導株は、その上昇幅のほとんど全てを失いました。また、小泉相場で一世を風靡した不動産流動化銘柄のケネディクス（4321）も、上昇幅の全てを失っただけでなく、さらに下落しました。さらにダヴィンチHDに至っては、上場廃止にまで追い込まれています。

したがって、このような成長株に投資をしているときは、断固とした利食い売りの計画が必須になってくるのです。

ポイント3 危険サインの出現回数をチェック

「ディストリビューション日」が何日も出現したら、相場は危険水域に入ったと考えられます。ディストリビューション日とは、売りが買いを上回ったと考えられる日のことで、日経平均株価やＴＯＰＩＸなど主要株価指数の終値が前日よりも安くなるのとともに、出来高が増えます。大口の機関投資家が売り抜けた日、と言い換えてもいいでしょう。

２～４週間のなかで、ディストリビューション日が5回あれば、市場が上昇トレンドから下降トレンドへ転換した可能性が高いと判断できます。これは、ウィリアム・オニールの理論で、過去50年におけるすべての天井を研究した成果から導き出されたものです。

もう１つディストリビューションのシグナルがあります。「ストーリング」（失速）と呼ばれる動きです。上昇し続けた後、突然その勢いが止まってしまうものです。前日と比較して、株価が下がるわけではないのですが、上昇がかなり鈍くなる動きです。

図6-1 危険サインの出現回数をチェック

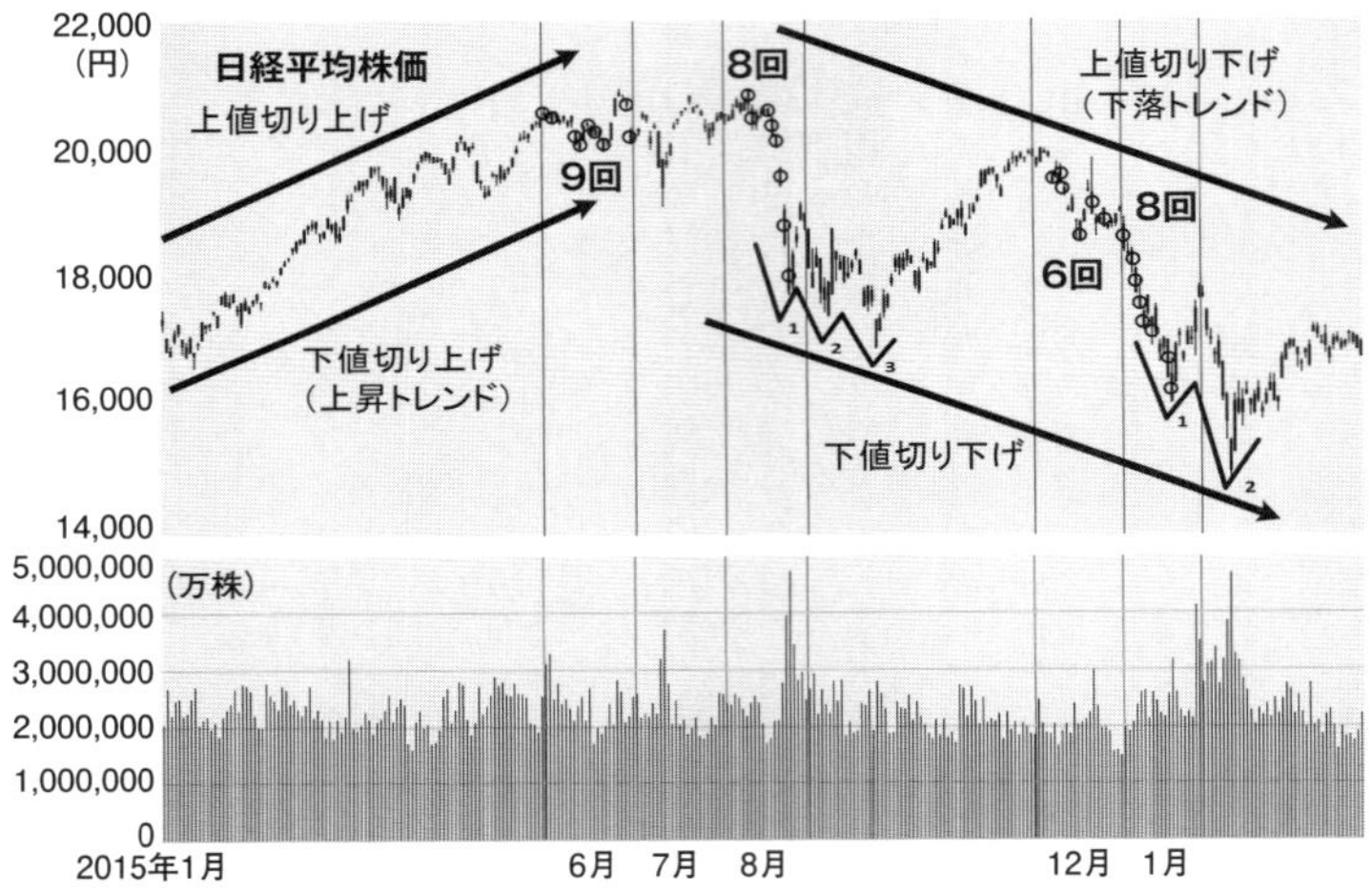

（注）2015年1月5日～2016年3月31日足チャート。○囲みはディストリビューション日。

実際に日経平均を見ると、２０１５年６月には、ディストリビューション日が９回と異常に頻発していました（図６－１）。その後、７月に一度、株価が急落し、いったん持ちこたえたものの、８月のチャイナショックで急落しました。

さらに、２０１６年１～２月の急落の前月、２０１５年12月のディストリビューション日を数えると、６回発生していました。

２００８年10月のリーマンショック前のディストリビューション日は、８月が７回、９月が９回で、10月の暴落時には10回もありました。

また、小泉相場の２００７年７月に、

日経平均株価がダブルトップを形成したときも９回発生し、その後、すぐに株価は急落しています。

このように、日経平均株価など主要株価指数のディストリビューション日を数えることで、危険の予兆をある程度、事前に察知できるのです。これは、本書を購入していただいたあなたを、暴落相場から救う道しるべになりますので、よく注意してチェックしてください。特に２０１６年後半から２０１７年にかけては、これ以上にない注意を払うべきでしょう。

一方、相場の反転には、オニールの「フォロースルー」という概念を使います。

これは、下げトレンドからのある日の反発を１日目と数えると、２日目、３日目と上昇し、４日目から７日目の間に、主要な株価指数が、前日と１日平均よりも多い出来高を伴って、約１・７％以上の大幅上昇（これをフォロースルーと呼ぶ）を見せたときに初めて、上昇トレンドへの確認ができた、とするものです。

実際、アベノミクス相場の始点となった２０１２年11月には、フォロースルーが発生しています。新しい強気相場は、強い株価と出来高の増加を伴って始まるということです。

少し話は変わりますが、相場にはサイクルがあります。上昇トレンドの期間があって、その後、下落トレンドの期間が来て、そしてまた上昇トレンドへ転じるという具合です。

岡崎良介氏の著書『相場ローテーションを読んでお金を増やそう』では、過去のデータから次のようにまとめています。定義は、30％以上の上昇、あるいは20％以上の下落が起きたところで、トレンドが転換したとして集計しています。

●日経平均株価（1949年以降のデータを使用）

・上昇期間の平均は2年3カ月。平均上昇率は137％。

・下落期間の平均は1年。平均下落率は35％。

●米国SP500（1929年以降のデータを使用）

・上昇期間の平均は4年。平均上昇率は137％。

・下落期間の平均は1年2カ月。平均下落率は35％。

上がって下がってのひと相場が、過去はどのくらいの期間だったのか。このような感覚をつかむのは非常に重要です。

永遠に上がり続ける相場はありませんし、下がり続ける相場もありません。

現在の相場が、全体のどこにいるのかを俯瞰しながら、投資戦略を練ることも大事なのです。日経平均株価の過去20年の月足チャートをときどき眺めながら、その感覚を養ってください。

日本でのアベノミクス相場は、２０１２年11月に始動しました。２０１６年に入り、すでに3年以上が経過したことになります。米国では、リーマンショック後の２００９年3月に底打ち反転し、すでに7年以上が経過しました。

いま、私たちがひと相場の後半戦にいることだけは、間違いなさそうです。

ポイント4

適時開示アプリを活用する

株式投資は情報が命です。すでに、ツイッターの活用法については触れましたが、ここではもう一歩、踏み込んだ情報収集について説明しておきましょう。

それは、決算発表など保有株の開示情報です。ここまで、私が書いてきた通りに投資をしたならば、あなたがいま、保有している銘柄は、集中投資によって厳選された少数精鋭の銘柄群です。多くても5銘柄です。これらの株価の動向をよく観察するとともに、ファンダメンタルの変化をチェックすることが大切です。

開示情報で一番重要なのは決算発表です。決算発表予定日は、もうここまで読んでくださった方にはお馴染み、「株探」の個別銘柄の画面に出ています。決算発表予定日近くになると、株価が期待先行で動意づくこともあるので、日程は把握しておくようにしましょう。

また、決算情報や会社が公表したＩＲ情報を、タイムリーに受け取る方法があります。この方法を使うと、うっかり決算日を忘れていたとしても、自動メール配信で連絡してくれるので大変便利です。

例えば、大和ＩＲのモニタークラブ（https://www.daiwair.co.jp/individual/monitor/index.html）では、会員登録（無料）をすれば、誰でもニュースリリースを自動で配信してくれます。10銘柄まで登録可能です。モニタークラブの「ＴＤ－ＣＯＭサービス」は、上場企業が東京証券取引所のTDnetに配信したニュースリリース（決算短信、業績予想の修正のお知らせなど）を、自動的に速やかにｅメールで受け取ることができるサービスです。常に最新の企業情報が得られるので、これはぜひ登録してください。

スマホアプリでは、さらに優れた機能を持つものもあります。

私が使っているものを紹介しましょう。それは「ｉ適時開示」という無料アプリです。ｉＯＳ用なので、iPhoneやiPadが対象になります。

このアプリの優れた点は、銘柄登録数に制限がなく、登録銘柄でグループを作成できる点です。保有銘柄を１つのグループとして5銘柄登録し、それとは別に、注目銘柄グループとして10銘柄、株主優待銘柄グループとして20銘柄というような登録が可能です。気になる銘柄の開示情報がタイムリーに表示されるので、非常に便利です。

また、キーワードを登録して開示情報をピックアップすることも可能です。例えば、ビッグチェンジにつながるような言葉として、「子会社化」や「新会社」、最近では「民泊」といったキーワードを登録しておくと、その日の開示情報のタイトルで「子会社化」「新会社」「民泊」などと入っている銘柄すべてを拾って、タイムリーに通知してくれます。

アンドロイド用にも同様の開示アプリが出ているようですし、もっと使い勝手のいいものもあるかもしれません。いずれにしても、極めて重要な開示情報を見逃さないためにも、これらの登録をしておくことは必須です。

ポイント５　買う前に買う理由をノートに書く

会社の開示情報は手軽に得られますが、実際に株式を買う前に、やっておくべきことがあります。

それは、「買う理由をノートに書いておくこと」です。

簡単なメモでもなんでもいいので、自分が考えたこと、なぜ買うのか、といった点をノートにまとめておくようにしてください。最初は２～３行のメモでもかまいません。

ちなみに、私は、次のようなことをメモしています。

- **何が会社の高成長の牽引役（ビッグチェンジ）になっているのか。**
- **年率何％の成長ができそうか。**
- **なぜ収益性が高いのか。なぜそれが持続できるのか。**

●収益実現性はどのくらい確実なもので、何によって自分の描いたストーリーが引っくり返る恐れがあるのか。
●株価はどのくらいまで上昇しそうか。

これらを実際に投資する前の、まだ考えがニュートラルなときにメモしておきます。投資した後になると、どうしても自分の都合のいいように解釈してしまいがちなので、投資する前に書くことをお勧めします。

もし、メモするのを忘れた場合は、投資した後でもかまいませんので、メモしておくことをお勧めします。時間が経つと、どうしても忘れることも多くなりますので、できるだけ早くメモをしておきましょう。

決算が発表されたら、そのメモを使って内容をチェックします。具体的なチェック方法については、第4章を参照してください。

直近3カ月の四半期の売上、経常利益、利益率の伸び率はどうでしょうか。

それらは想定通りの伸びだったでしょうか。それとも少し足りない印象だったでしょうか。

決算短信や決算説明資料には、業績の説明や、増減の理由が書かれているので、それらも必ず目を通しましょう。自分の描いた成長ストーリーに異常がないかどうかを点検するのです。想定通りなら問題ありません。

しかし、もし、想定外の内容であれば、必ず理由を調べましょう。決算関係資料には、必ずヒントがあります。疑問があれば、投資した会社のＩＲ担当者に電話してください。株主なのですから、何も遠慮する必要はありません。ＩＲ担当者は、投資家の疑問に答えるためにいるのです。その回答や答え方、声のトーンなどからヒントを得てください。

注意点を1つ。

ＩＲ担当者は、業績に陰りが生じてきたとき、それを「一時的な要因です」などと説明するケースが多々あります。ひどい会社になると、「好調です」などと言いながら、平気で減益決算を出してきます。

株主とはいえ、会社に惚れることなく、冷静な目で、会社の状況を見極めてください。人間は嘘をつきますが、数字は嘘をつきません。基本的には公表された決算の数字がすべてです。

これらの結果、ファンダメンタル的に何も問題なければＯＫです。翌日以降の株価が、ボックスを下割れしないかなど、引き続き株価の観察をしていきましょう。そして、想定以上の決算が出てきた場合は、成長性が加速しているわけですから、買い増しのチャンスとなります。

ボックスを上抜ける動きになる可能性が高いので、買い増しを検討しましょう。

逆に、あなたの想定とずれが生じてきたときは、保有する理由がなくなるので、売却を検討します。

成長に陰りが出てきたような気がしたので、ＩＲ担当者に電話をして質問すると、「業績の低迷は一時的なもの」と回答した。自分なりにいろいろ考えたところ、どうも一時的ではない可能性もある。やはり成長率が鈍化しているのではないか。このように判断に迷った場合は、とりあえずポジションを半分に減らすという選択もあります。

売りのルールでも触れたように、迷ったときはポジションを減らす、一部利益を確定しておくのは、とても有効な手段です。

ポイント6 売買したら日記をつける

私は、売買した日は必ず日記をつけています。なぜ買うのか、なぜ買ったのかなどを書き残しています。

また、その日に感じた感情なども記しています。株価が上がったときに、何をどう感じたのか、逆に大幅な下落に見舞われたときはどういう感情を抱いたのかなど、後々、自分の取引を振り返り、反省をするときに役立ちます。

株式を売買したら、必ず日記をつけましょう。実は、これにはものすごい効果があるからです。自分の売買ルールに従わず、感情で売買してしまったときなどもあるでしょう。そういう行動を戒めるための反省材料にもなるのです。

とにかく、気付いたこと、思ったことを気軽に書いてください。日記などというと、かしこまった印象を受けるかもしれませんが、真剣に吟味した内容を書く必要はありません。とにか

DUKE。の投資日記

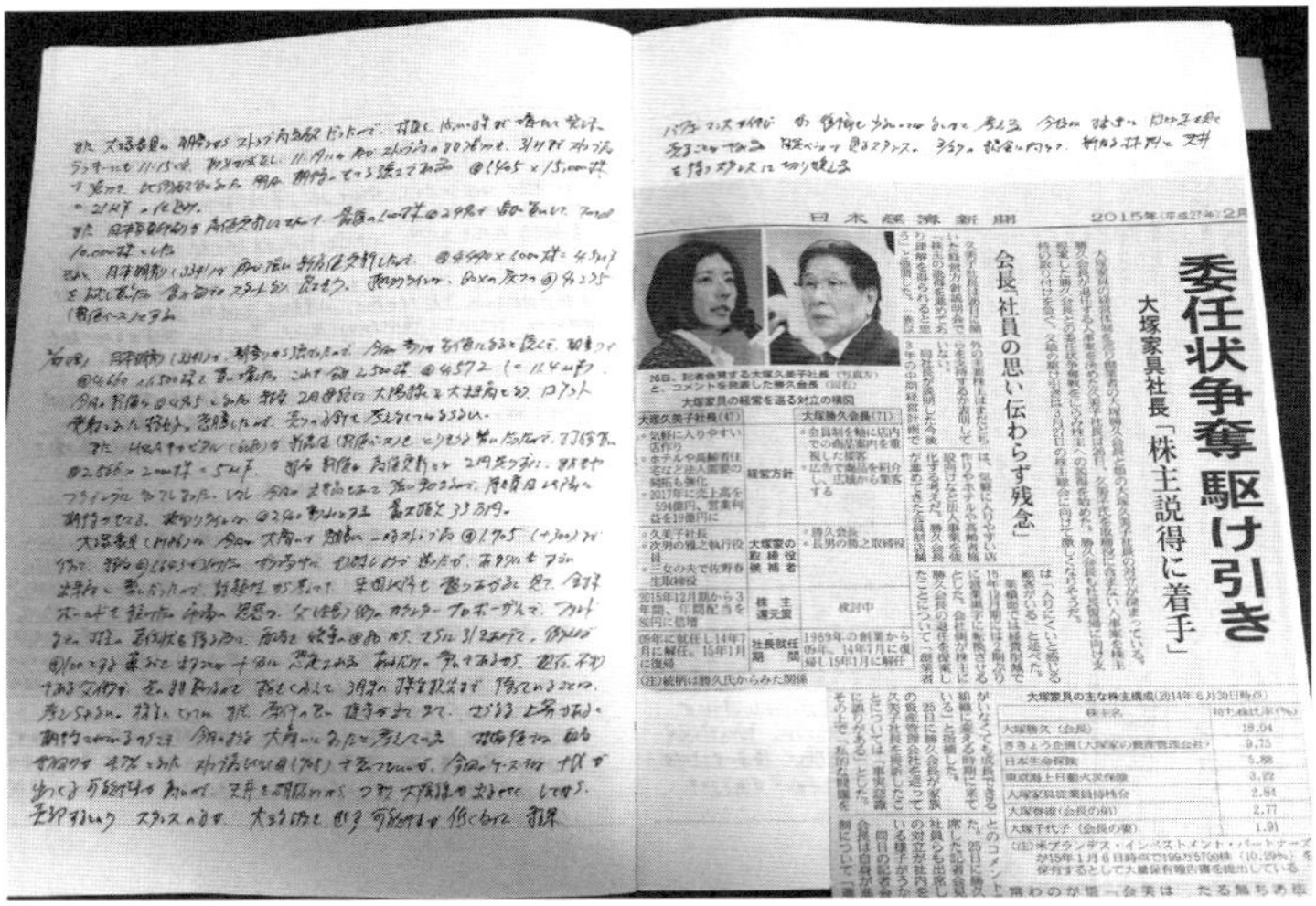

く気軽に書いてください。大事なのは中身よりも、それを継続することにあるのです。

ちなみに、私は「書く」ことのモチベーションを上げるために、アピカのプレミアムCDノートを買いました。B5版で900円くらいするので、少々高いのですが、シルクのような滑らかさのノートは、使っていてとても気持ちがよく、ペン先も快調に進みます。

簡単なメモ書きでも、書き続けているうちに、必ずいろいろな気付きが得られます。不思議なことに、自分自身の考えや気持ちの整理もできます。心にかかっていたモヤモヤが晴れていくのを実感できるはずです。

この効果は計り知れません。市場が動いていない夜や早朝、あるいは週末に日記をつけて、今後、どういう方針で市場と向き合うべきか、保有株をどうしようかなど、考えをまとめておくと、マーケットが荒れたときでも、冷静に判断できるはずです。

中上級者を目指すあなたには、さらに株価チャートを使って、自身の売買を振り返ることをお勧めします。株価チャートをプリントアウトし、買いと売りのポイントに丸をつけるのです。売買した株数と株価も記入しましょう。そして、よく眺めてみてください。あなたが目指している投資は、実際にうまくできたでしょうか。

特に、損をした経験からは、多くのことが学べるはずです。

なぜ損をしたのか。

損切りはルール通りにできたのか。

こうした過ちの原因をメモし、振り返ってみるのです。

そして、そこで得た気付きを、次の売買に生かしてください。

ものごとはこれの繰り返しです。実際にやってみて、反省し、改善点を探す。さらにやってみて、反省し、改善点を探す。それを繰り返していくうちに、徐々に実力が付いていきます。

売買記録をエクセルで管理し、すべての取引を数値化するのもお勧めです。自分の取引記録のデータ集を作るのです。買い値、売り値、株数、投資額、保有期間、損益率などを記録します。数字は嘘をつきませんから、感覚よりも正しい姿をあなたに教えてくれます。

また、負けが連続したときは、いったん市場から距離を置き、休むことも大切です。「休むも相場」という格言もあるくらいです。負けが続いているのは、あなたの売買に何か問題があるからです。

株式投資とはまったく関係がないけれども、メンタル面の問題を抱えている恐れもあります。例えば、身内の不幸や離婚などは、極めて高いストレスがかかりますから、そのような状態のときには、投資をすべきではありません。

少しくらい売買を休んでも、株式市場は逃げません。そして、その期間を利用して、冷静にあなたの過去の取引を振り返ってみましょう。

まずは、今日から、3行でもいいので投資日記をつけることから始めてみましょう。

ポイント7
自分で決めたルールに断固従う

人間は本当に弱い心を持っています。恐怖、希望、あきらめ、貪欲など、さまざまですが、こうした心の弱い面が顔を覗かせたとき、何のルールも決めずに投資していると、衝動買いや衝動売りを繰り返すことになります。この状態だと、ほぼ確実に負け組への道をたどることになります。

感情に振り回されないためには、自身の売買ルールが絶対的に必要になってきます。

売買ルールは、急騰時も暴落時も冷静に必要な売買をするための心の支えです。損を確定させたくないという感情に反して、損切りをして損失を最小限に抑える。利益を早く確定させたいという感情に反して、利食わずに利益を伸ばす。売買ルールがあるからこそできることです。

私も弱い人間ですので、売買ルールと違うことをやった経験が多々あります。しかし、そのようなときは、ほとんどが手痛い失敗で終わっています。投資は、その意味で自分との戦いと言えるでしょう。

そこで重要なのは、自分で決めたルールに断固従うことです。

自分のルールを全うする上で重要なのは、「何事も起こり得る。確実なことは何もない」ということを心に受け入れ、確率で考えられるようにすることです。自分の投資法の優位性を「確率的思考」で実行し、売買回数が多くなれば、大数の法則で、最終的には儲かる、勝てると信じることが重要です。

1回や2回の売買では、当然のことですが、思い通りになどいきません。まして突然、大事故が起こったり、不祥事が発表されたりと、予期しないことが起こるものです。それは長く投資をしていると不可避です。

1回の売買で確実に儲かる方法など、絶対にありません。

それでも、自分で決めたルールに従って取引を繰り返すことで、勝てるようになるのです。この本で解説したように、ルールを順守すれば、1勝4敗でもトータルで儲けられます。だから自信と信念を持って買い、見込みなきときは迷わずに損切りするのです。

それが最終的に勝つ方法だと、心がわかっているからです。自分で決めたルールに断固したがうという信念が成否を分けるのです。

おわりに

私は現役の会社員です。かれこれ勤続20年以上になります。昼間は普通に会社で働き、帰宅後と週末に、副業として株式投資を行っています。

しかし、株式投資をしているからといって、会社の業務で手を抜くことはありません。一度手を抜くと、それが他のことにも波及して、悪影響が出るからです。それに、会社で死んだように働いても仕方がありませんし、楽しくありません。自分がダメ人間のように感じられ、自信も喪失します。

会社で手を抜いてとか、会社の仕事がうまくいかないからとか、そのような理由で株式投資に逃避してもダメです。

ですから、会社で株価を見るのはやめましょう。そもそも新高値ブレイク投資術は短期投資ではありませんから、頻繁に株価をチェックすることには何の意味もありません。

株価の下落が気になるときは、あらかじめ逆指値の損切り注文を入れておけば、メールで約定を知らせてくれます。場中の株価をチェックする頻度と投資パフォーマンスは、まったく比例しませんし、場中の株価動向を見ると、余計な売買をしたくなり、却って損をするリスクが増えます。また、買った後も気になって、業務に集中できなくなります。

ちなみに私は、トイレに籠ってスマホで注文を出すトイレトレードで、２００万円もの損失を被ったことがあります。

とはいえ、株式投資を始めると、必然的に経済に明るくなります。経済や政治を俯瞰できるようになりますし、あなたが仕事でかかわっている業界動向にも詳しくなります。また、同業他社を投資家の観点から評価できるようになります。まさに経営者としての視点が身に付きます。これはとてもすごいことです。

日本経済新聞や週刊東洋経済などを読む場合も、単に字面を追うだけでなく、次に株価が上がりそうな会社や業界はどこか、という思考を巡らせながら、記事を読むようになります。実利が伴うだけに、真剣さが違ってきます。

私も株式投資を始める前の20代の頃は、恥ずかしながら会社に、週刊少年マンガ誌を持ってくるような人間でした。

しかし、株式投資を始めてからは俄然、日本経済新聞のほうが面白くなりました。新聞に出ている会社の決算などの記事と、株価の動きとの関係が、面白くてたまらなかったのです。これによって身近な日々の生活と株式市場が密接にリンクしていることを実感し、株価のダイナミックな動きにも魅了されて、株式投資の世界にドップリとはまっていったのです。

さて、いよいよこの本もエンディングです。最後に、新高値ブレイク投資術にチャレンジしてみようと考えているあなたに、参考になる本を紹介したいと思います。

『オニールの成長株発掘法』（ウィリアム・オニール著、パンローリング）
『オニールの相場師養成講座』（ウィリアム・オニール著、パンローリング）
『ミネルヴィニの成長株投資法』（マーク・ミネルヴィニ著、パンローリング）
『私は株で２００万ドル儲けた』（ニコラス・ダーバス著、パンローリング）
『欲望と幻想の市場』（エドウィン・ルフェーブル著、東洋経済新報社）
『リバモア流投機術』（ジェシー・リバモア著、パンローリング）
『マーケットの魔術師』（ジャック・Ｄ・シュワッガー著、パンローリング）

『伝説のファンドマネージャーが実践する株の絶対法則』（林則行著、ダイヤモンド社）
『伝説のファンドマネージャーが教える株の公式』（林則行著、ダイヤモンド社）
『株は新高値で買いなさい！』（ふりーパパ著、秀和システム）
『ゼロから純資産5億円を築いた私の投資法』（ふりーパパ著、ぱる出版）
『勝つ投資 負けない投資』（片山晃・小松原周著、クロスメディア・パブリッシング）
『ゾーン』（マーク・ダグラス著、パンローリング）

本を買うのにかかるコストは、得られる経済的効果を考えると、非常に安いものです。ローリスク・ハイリターンの投資と言ってもいいでしょう。優れた投資家が書いた本を読めば、あなたの投資を改善させるヒントが必ず見つかるはずです。また、本ではありませんが、お約束として日本経済新聞と会社四季報は外せません。いずれも重要な情報源になります。

成功している投資家は、例外なく勉強熱心、研究熱心です。すべてを経験から学ぶのではなく、先人たちの知恵を借りましょう！

本書は、私が行っている株式投資が、なにか社会のためにお役に立てれば、との強い想いから書くことを決意しました。

私が本書を執筆するまでに至ることができたのも、周りのみなさんのおかげです。特に、飛躍のきっかけをいただいたふりーパパさんには大変感謝をしています。また、出版のきっかけとさまざまなアドバイスをいただいた夕凪さん、本当にありがとうございました。東洋経済新報社のみなさん、ライターの鈴木雅光さん、本当にお世話になりました。そして、上総介さん、Avexfreakさんをはじめ日頃から仲良くしてくれる投資仲間のみなさん、長谷川社長、柳橋さんをはじめエンジュクのスタッフのみなさん、心よりの感謝の気持ちをお伝えします。

私の最大の理解者であり、最愛のパートナーである妻に最大の感謝を捧げます。妻のサポートがなければ、私はここまで来られませんでした。

最後まで本書をお読みいただいたあなた、本当にありがとうございます。

兼業投資家として、本業の仕事でも成果を出し、副業の株式投資でも利益を出す。

あなたの成功を願っています。

2016年5月

DUKE。

＊本書の著者印税は、先の熊本地震および東日本大震災の復興支援のために全額寄付させていただきます。

＊すべての子どもに機会を　すべての子どもに夢を
公益社団法人「チャンス・フォー・チルドレン」の活動を支援いたします。

＊野球を通して、子どもたちの心の復興を支える「絆甲子園」の活動を支援いたします。

【著者紹介】

DUKE。（デューク。）

個人投資家。テクノファンダメンタル派。米国公認会計士。慶應義塾大学を卒業後、東証1部上場企業に入社。管理会計、経営計画に長く携わり、経営陣への収益分析報告の責任者を務める。2003年、結婚と同時に株式投資を始める。手痛い大失敗を繰り返すも、ライブドアショック、リーマンショックを乗り越える。その後、ウィリアム・オニールの投資法に出会い、開眼。以来、自身の「新高値ブレイク投資術」の改善を続けている。2014年、株式投資での累計利益が1億円を突破。2016年の日経平均株価がマイナスに沈む厳しい環境下でも、1億円の利益を達成。家庭では3児のイクメンパパ。好奇心が旺盛で、旅行と新しいことが大好き。将来、宇宙旅行にも行く予定。東京おもちゃショーに家族を連れて行くかたわら、玩具会社の銘柄調査や流行チェックを行うなど、楽しみながら一石三鳥の株式投資を実践している。個人投資家に役立つ情報発信を目指して、日々、ツイッターやブログを更新中。

ツイッター：@investorduke
ブログ：サーフィンインベストメント　http://investorduke.blog.fc2.com/

1勝4敗でもしっかり儲ける新高値ブレイク投資術
2016年7月14日発行

著　者——DUKE。
発行者——山縣裕一郎
発行所——東洋経済新報社
〒103-8345　東京都中央区日本橋本石町 1-2-1
電話＝東洋経済コールセンター　03(5605)7021
http://toyokeizai.net/

装　丁…………萩原弦一郎・藤塚尚子（デジカル）
D T P…………望月　義（ZERO）
編集協力………鈴木雅光（JOYnt）
印刷・製本……廣済堂
編集担当………水野一誠
 Printed in Japan　ISBN 978-4-492-73336-3